LES ILLVSTRES ENNEMIS,

COMEDIE.

Imprimé à ROVEN, par L. MAVRRY,

Pour

AVGVSTIN COVRBE, Marchand Libraire, à PARIS, au Palais, dans la petite Salle des Merciers, à la Palme.

M. DC. LVII.

AVEC PRIVILEGE DV ROY.

A

MADAME LA COMTESSE DE FIESQUE.

ADAME,

L'Approbation dont il vous a plû vous montrer ſi liberale enuers ce Poëme, m'eſt trop glorieuſe pour la tenir plus long-temps ſecrete, & j'oſe rendre public le remerciement que ie vous en dois, afin d'aprendre

au Public que vous me l'auez donnée. Ainsi ie satisfais tout ensemble mon deuoir & ma vanité, & ie souhaiterois pouuoir faire cognoistre à toute la terre combien ie vous suis redeuable, afin que toute la terre cognust combien vous m'auez estimé. Cet effet de l'amour propre ne vous surprendra pas, vous sçauez trop qu'il est naturel à tous ceux qui se meslent d'écrire, ie tâche à me purger du reste de leurs defauts, mais ie ne sçaurois me défendre de celuy-cy, ny m'empescher de vous dire que j'ay toûjours dans l'esprit les douces Idées de l'heureuse representation de cet Ouurage qui fut faite il y a quelque temps en vostre presence, que ie reuoy à tous momens cette obligeante attention que vous luy prétastes, & que ie prens plaiſir ſans ceſſe à me ſouuenir des applaudiſſemens dont vous daignaſtes l'honorer, & des témoignages auantageux que vous luy rendiſtes. Apres cela, MADAME, ie ne puis que ie n'aye quelque bonne opinion de moy-meſme; y reſiſter opiniaſtrement, ce ſeroit vous accuſer d'iniuſtice, & c'eſt ce que toute la France n'oſeroit faire, puis qu'il eſt certain que voſtre ſuffrage y ſert de regle à celuy des plus honneſtes Gens de la Cour, que c'eſt trouuer le bel art de leur plaire que de vous auoir plû, & que l'enuie n'ayant oſé juſqu'icy vous diſputer le Priuilege de prononcer ſouuerainement ſur les plus belles choſes, la moindre repugnance à s'attacher au iugement que vous en faites, paſſe auprés d'eux pour vne marque infaillible d'vne co-

gnoiſſance mal éclairée. Celuy que vous auez rendu depuis peu en ma faueur, a ſans doute eſté au de-là de mes plus flateuſes eſperances; & toutefois, MADAME, *il faut que j'aduoüe qu'il ne ſuffit point à cette inſatiable ſoif de gloire où vous m'auez enhardy; Ce n'eſt pas que ie vous le demande plus fauorable, mais ie vous le demande vne ſeconde fois, & ie n'enuoye ces* ILLVSTRES ENNEMIS *vous faire hommage iuſques dans voſtre Cabinet, qu'afin qu'ils reçoiuent de vous à la lecture, ce qu'ils en ont déja receu durant le reçit. Ie n'oſe douter que ie n'obtienne aiſément cette demande, puiſque c'eſt vous demander ſeulement que vous ſoyez toûjours vous-meſme. Ie dois ſçauoir que le faux éclat de la repre-*

ſentation n'a point encor eu le pouuoir de vous ébloüir, & que comme parmy toute ſa pompe, les veritables defauts de nos plus brillantes productions n'échapent iamais aux lumieres penetrantes de voſtre diſcernement, leurs veritables beautez ne perdent rien auprés de vous pour eſtre dénuées de ce dehors faſtueux dont les reueſtent nos Theatres. Ie ne parle point de tant d'autres belles qualitez, qu'il ſemble que le Ciel ſe ſoit plû d'aſſembler en voſtre Perſonne, il me ſuffit d'en admirer la merueilleuſe vnion, & d'eſtre aſſeuré que l'on imputera pluſtoſt mon ſilence à mon reſpect, qu'à la crainte de me faire ſoupçonner de ces déguiſemens artificieux, qui pour eſleuer trop haut ceux que l'on entreprend de loüer, les font souuent perdre de veuë, & qui les cachent si bien sous les apparences trompeuses de quelques vertus empruntées, qu'il est presque impossible de les recognoistre. Ce genre de flaterie, dont la plus vaste ambition se laisse quelquefois chatoüiller, n'aura iamais de part aux éloges que vous auez droit de pretendre; pour rien apprehender de ses industrieux mensonges, vous donnez matiere à trop de glorieuses veritez, & il sera toûjours plus difficile d'exprimer parfaitement tout ce que vous estes, que de faire paroistre auec adresse ce que les autres ne sont pas. Aussi, MADAME, *n'ay-ie pas la temerité de m'engager à vne entreprise où les plus delicates* Plumes *auroient peine à reüssir, elle vous seroit trop injurieuse, & ie croirois me rendre peu digne de la protection dont ie prens la liberté de vous importuner pour ce Poëme que ie vous presente. Vous auez toûjours témoigné tant de bonté pour moy, que j'ose me promettre que vous ne la luy refuserez pas, & que vous souffrirez qu'en vous le presentant, ie prenne l'occasion de vous rendre de tres-humbles graces, non seulement pour les faueurs que vous luy auez prodiguées, mais pour celles que vous auez répanduës sur ceux de ma façon qui l'ont precedé. Comme les sentimens d'estime que vous en auez laissé paroistre en ont fait tout le succez, il y auroit de l'ingratitude à ne pas cõfesser que ie vous en dois toute la gloire, & que l'ambitieuse ardeur de les meriter a plus contribüé à donner de nouuelles forces à mon foible Genie, que n'auroient fait les soins assidus de l'Estude la plus serieuse. Cette obligation que ie vous ay, me paroist trop pressante pour differer dauantage l'adueu public que ie vous en fais. Daignez l'agréer pour recognoissance d'vne partie de ce que ie tiens de vous; & puisque ie ne suis pas assez considerable pour oser esperer de m'en pouuoir acquiter entierement par mes seruices, soyez assez genereuse pour vous contenter de la respectueuse protestation que ie fais d'estre toute ma vie,*

MADAME,

Vostre tres-humble & tres-obeïssant seruiteur,
T. CORNEILLE.

Extrait du Priuilege du Roy.

PAr grace & Priuilege du Roy, donné à Paris le 3 Avril 1656, il est permis à Guillaume de Luyne Marchand Libraire à Paris, d'imprimer vne Piece de Theatre, de la composition du Sieur Corneille, intitulée *Les Illustres Ennemis* : Et deffences sont faites à tous autres de l'imprimer, vendre, ny debiter d'autre impression que celle dudit Exposant, à peine de deux mil liures d'amende, confiscation des Exemplaires, & de tous dépens, dommages & interests, comme il est plus amplement porté par lesdites Lettres.

Et ledit de Luyne a associé audit Priuilege Augustin Courbé Marchand Libraire à Paris, pour en joüir suiuant l'accord fait entre eux.

Acheué d'imprimer le 30 Nouembre 1656, à Roüen, par LAVRENS MAVRRY.

Les Exemplaires ont esté fournis.

Registré sur le Liure de la Communauté le 15 Avril 1656, suiuant l'Arrest du Parlement du 9 Avril 1653.

ACTEVRS.

D. LOPE de Guzman, Amant de Iacinte.

ENRIQVE, Frere de D. Lope.

ALONSE de Roxas, Amy de D. Lope & d'Enrique.

D. SANCHE, Pere de D. Aluar & de Iacinte.

D. ALVAR, Amant de Caſſandre.

D. RAMIRE, Amy de D. Sanche.

D. LOVIS, Preuoſt.

CASSANDRE, Sœur de D. Lope.

IACINTE, Fille de D. Sanche.

BLANCHE, Suiuante de Iacinte.

FLORE, Suiuante de Caſſandre.

La Scene eſt à Madrid.

LES

LES ILLVSTRES ENNEMIS, COMEDIE.

ACTE I.

SCENE PREMIERE.

ALONSE, ENRIQVE.

ALONSE.

Qvoy, ſans aucun reſpect, pour vn leger outrage
Accabler d'infamie vn homme de ſon âge,
Et démentant par là le ſang dont vous ſortez,
L'auoir fait mal-traiter par des gens apoſtez !
Quel fruit eſperez-vous de cette violence ?

ENRIQVE.

Quoy! j'aurois plus long-tẽps ſouffert ſon inſolence,

Et qu'au ſang des Guzmans on oſaſt reprocher
Qu'vn murmure honteux n'auroit pû les toucher!
Il publie en tous lieux, ce Vieillard temeraire,
Que l'artifice ſeul nous acquiert vn beau-frere,
Que l'hymen de Fernand eſt vn hymen contraint,
Qu'il n'épouſe ma ſœur que parce qu'il nous craint,
Et qu'auec tant de bien il eſt hors d'apparence
Qu'vn tel choix euſt enfin borné ſon eſperance.
Le Ciel ne ſouffre point de nœuds mal aſſortis,
Et s'il pouuoit pretendre aux plus riches partis,
Au moins de noſtre ſang la gloire eſt peu cõmune,
Et vaut bien aujourd'huy la plus haute fortune.

ALONSE.

Si la choſe eſt ainſi, j'aduoüeray qu'il eut tort,
Mais on vous aura fait peut-eſtre vn faux rapport,
Et de vos ſens fougueux croire le fier tumulte . . .

ENRIQVE.

Dans ces occaſions le lâche ſeul conſulte,
Reculer ſa vengeance, eſt trahir ſon honneur,
Et le plus prompt remede eſt toûjours le meilleur.

ALONSE.

Mais ſouuent à leur gré les violens courages,
Pour ſe croire vn peu trop, ſe forment des outrages,
En vain la raiſon parle, ils ne l'écoutent plus,
Et vangent des affronts qu'ils n'ont iamais receus.
Enfin d'vn vain diſcours dõt voſtre hõneur s'offẽce,
Au moins D. Lope euſt dû partager la vengeance,
Mais au deceu d'vn frere . . . .

ENRIQVE.

Ah ! ne me blâmez point,
Ie ſçais que ſon honneur à mon honneur eſt joint,
Mais quel que ſoit l'affrõt qu'en reçoit ſa famille,
Pour ſe vanger du pere, il aime trop la fille,
Et quand de cet amour j'aurois lieu de douter,
Quoy qu'il me plaiſe faire, ay-ie à l'en conſulter?

ALONSE.

Vous emporter ainsi dans ce qui l'interesse,
C'est auec trop d'empire vser du droit d'ainesse,
Iacinte est fille vnique, & l'éclat de ses biens
Pour arrester vn cœur a de puissans liens,
Deuiez-vous ruïner sa plus douce esperance?

ENRIQVE.

Elle est basse, elle est vaine, & c'est dont ie m'offence.

ALONSE.

Si le nom de Guzman marque vn illustre sang,
D. Sanche est estimé, D. Sanche a quelque rang,
Et sans se faire tort, sans trahir sa famille,
D. Lope aux yeux de tous peut épouser sa fille.

ENRIQVE.

Quoy, les Lares déja, les Mendoces confus,
De ce Vieillard auare ont souffert des refus,
Et D. Lope cedant à l'ardeur qui le dompte,
Osera s'exposer à cette mesme honte?
Non, j'imagine encor vn moyen plus certain
D'empescher vn amour aussi lâche que vain.
Vn de ceux dont l'audace a seruy ma colere
S'ira dire à D. Sanche employé par mon frere,
Afin que par luy seul se croyant affronté,
Il détruise vn espoir trop long-temps écouté.

ALONSE.

Mais il aime sa fille?

ENRIQVE.

Ouy, ie sçay qu'il l'adore,
Mais ie l'ay déja dit, & vous le dis encore,
A quoy que cet amour pûst enfin l'obliger
Ce sera le seruir que de l'en dégager.
Vn refus en seroit l'indigne recompense.

ALONSE.

Pesez mieux vn dessein d'vne telle importance,

Car comment s'asseurer sur ces lâches esprits
Qui mettent & leur vie & leur honneur à prix?
Leur cõmerce hõteux, quoy que vous veüilliez croi-
Déja d'vn noir reproche a soüillé vostre gloire, (re,
Et vos emportemens qu'on leur oyt approuuer,
Me font craindre pour vous ce qui peut arriuer.

ENRIQVE.

Et moy, quoy qu'on murmure & quoy qu'il en puis- (se estre,
Seul de mes actions ie veux estre le maistre,
Mais puisque leur appuy vous semble hazardeux,
Faites icy pour moy ce que j'obtiendrois d'eux.
D. Sanche vous estime, il vous croit, & j'espere...

ALONSE.

Que me proposez-vous? moy, trahir vostre frere?

ENRIQVE.

Ce murmure insolent au mépris des Guzmans
De ce Vieillard pour luy fait voir les sentimens,
Et quoy que son amour ait pû luy faire croire,
Le rendre sans espoir, c'est asseurer sa gloire.
Enfin vous le pouuez, c'est par vous que j'attens
L'infaillible succez de ce que ie pretens,
Et si vostre amitié s'obstine à s'en défendre,
D'autres que vous peut-estre oserõt l'entreprendre.

ALONSE.

Non, j'ay pû balancer, mais puisque ie cognoy
Qu'à D. Lope par là ie signale ma foy,
Pour abuser D. Sanche employer l'artifice,
N'est pas, à mon aduis, vne grande injustice.
C'est icy qu'il demeure, & ie vay de ce pas
Luy tendre vn piege adroit qu'il n'éuitera pas,
Adieu, laissez-moy seul, ie voy sa porte ouuerte.

ENRIQVE.

Allez, ne perdons point l'occasion offerte,
Rendez suspect mon frere, & s'il en est besoin
Faites-moy de l'outrage & complice & témoin.

ALONSE *seul.*

Ouy, lâche & faux amy, j'accuseray ton frere,
Mais plus pour le seruir, que pour te satisfaire,
Et tu verras bien-tost par quel heureux détour
Sur tes propres conseils j'appuyeray son amour.
Feignant de t'applaudir, j'empescheray peut-estre...
Mais ie voy Blanche.

SCENE II.

ALONSE, BLANCHE.

ALONSE.

ET bien, Blanche, que fait ton maistre?

BLANCHE.

Vous l'eussiez rencontré quelques momens plustost,
Tout à l'heure...

ALONSE.

Il suffit, ie le verray tantost.

SCENE III.

IACINTE, BLANCHE.

IACINTE.

QVi parloit auec vous, Blanche?

BLANCHE.

Pour quelque affaire
Alonse de Roxas demandoit vostre pere.

IACINTE.

Ie ne m'étonne point qu'en cette occasion
Ses amis prennent part à sa confusion,
Alonse, dont chacun estime le courage,
Venoit s'offrir sans doute à vanger son outrage,
Et contre vn ennemy dont le cœur est si bas...

BLANCHE.

Madame, vous pleurez ?

IACINTE.

Qui ne pleureroit pas ?
Souffre à mon déplaisir dans d'inutiles larmes
La funeste douceur de chercher quelques charmes,
Et qu'au defaut du sang qu'exigent nos malheurs,
A mes tristes ennuis mes yeux donnent des pleurs.
Mais si ie pleure, helas! c'est le desaduantage
Que reçoit en naissant nostre sexe en partage.
Il semble qu'en effet la Nature en couroux,
Mere par tout ailleurs, est marâtre pour nous,
Les plus riches presens que nous obtenions d'elle,
Sont de foibles appuis sur qui l'honneur chancelle,
On flate nos beautez, nous croyons ce qu'on dit,
Et nostre front alors n'est pas seul qui rougit,
Nous en voyons la preuue, & tous les iours infame
Vn pere par sa fille, vn mary par sa femme.
Defaut honteux pour nous, pour eux injurieux!
L'honneur de tous les biens est le plus precieux,
Et par vn vieil abus difficile à comprendre,
Nous le pouuons oster, & ne sçaurions le rendre.

BLANCHE.

Tout le monde vous plaint, & blâme hautement
D'vn ennemy caché le vil ressentiment,
On en parle par tout ; mais ie voy qu'on ignore,
Par ces gens apostez, quel bras vous deshonore,
On en cherche l'autheur, sans le pouuoir trouuer.

IACINTE.

Et c'est moy-mesme à quoy ie ne fais que resver ;
Mais quoy que sur ce point mon esprit se figure,
Il dément aussi-tost sa propre conjecture ; (lieux,
Non qu'il ne soit trop vray que mon pere en ces
S'il n'a des ennemis, a beaucoup d'enuieux.
Ce grand amas de biens qui regarde sa fille
Dont vn oncle en mourant enrichit sa famille ....
Helas ! ce souuenir réueille mes douleurs,
Au sort de D. Aluar donnons icy des pleurs.
Aux Indes vers cet oncle allant faire voyage,
Ce frere infortuné perit par vn naufrage,
Et ces riches tresors à luy seul destinez
Soudain à mon espoir furent abandonnez.
Incommodes faueurs d'vne fortune ingrate
Qui m'est le plus contraire alors qu'elle me flatte,
Et m'éleuant trop haut s'oppose au plus beau feu
Dont la vertu iamais authorisa l'adueu !
Tu sçais, Blanche, tu sçais si D. Lope en fut digne.

BLANCHE.

Ainsi que son amour son respect est insigne,
Et certes vous deuez d'autant plus l'estimer,
Qu'auant tant de fortune il daigna vous aimer,
Que vostre vertu seule est ce qui sçeut luy plaire.

IACINTE.

Helas, cette raison l'est-elle pour vn pere
Qui de ces nouueaux biens goûtant l'indigne ap-
pas,
Ne voit presque pour moy que des partis trop bas ?
Ainsi d'vn noble sang quel que soit l'aduantage,
Luy proposant D. Lope on luy feroit outrage.
D'vn amour si secret ne t'estonne donc plus,
Il tâche à s'espargner la honte d'vn refus,
Et son feu que soûtient vn rayon d'esperance,
Attendant tout du temps se contraint au silence,

Mais cessons d'y penser; aussi bien aujourd'huy
Mon cœur, ce triste cœur n'est plus digne de luy,
Pour m'aimer dans la honte il aime trop la gloire,
Et l'affront... mais que vois-ie ! ô Dieux, le puis-ie
croire ?

SCENE IV.

D. LOPE, IACINTE, BLANCHE.

IACINTE.

QVoy D. Lope, est-ce vous dont l'abord indiscret,
D'vn amour si caché vient rompre le secret ?
Entrer ainsi chez moy sans crainte de mon pere !
Sont-ce là ces serments d'aimer & de se taire ?
Sont-ce là ces respects ? est-ce là cette foy ?
Enfin D. Lope, enfin est-ce vous que ie voy ?

D. LOPE.

Ouy, Madame, & chez vous si j'ose ainsi paroistre,
Ne me soupçonnez point d'estre parjure ou traistre.
Toûjours ce grand merite est l'objet de mes feux,
Toûjours mesmes respects accõpagnent mes vœux,
Et s'il m'étoit permis lors que j'ay tout à craindre...

IACINTE.

Parlez, parlez, D. Lope, & sans plus vous contraindre,
Aussi bien ces respects sont pour moy superflus,
Et qui n'a plus d'honneur ne les merite plus.

D. LOPE.

Ie vous entens, Madame, & le sort qui m'accable
Cherche dans vos malheurs à me rendre coupable,

Vn vif ressentiment vous fait déja penser,
Que qui sçait vostre honte auroit dû l'effacer,
Et ce n'est pas pour plaire à vostre ame affligée
Que m'offrir à vos yeux sans vous auoir vangée.
Mais sur vn bruit confus qui m'apprend vos ennuis,
Iugez ce que j'ay pû, jugez ce que ie puis,
Car enfin si ce bruit, si ce confus murmure
M'eust appris l'ennemy comme il a fait l'iniure,
Son trépas ou le mien vous eust déja fait voir
Que D. Lope vous aime & qu'il sçait son deuoir.
Mais ne pouuant d'ailleurs en tirer de lumiere,
C'est, Madame, de vous que j'attens grace entiere,
Et qu'acceptant mon bras pour finir vos malheurs,
Vous m'apprendrez quel sang doit essuyer vos pleurs.

IACINTE.

Et ne voyez-vous pas qu'en vne telle offence
Vous feriez peu pour nous d'en prendre la vangeance,
Et qu'oser s'y seruir d'vn secours estranger,
C'est en punir l'autheur & non pas se vanger.
Ce sang de l'offenseur qu'vn tel affront demande
Il faut que l'offencé luy-mesme le répande,
Que le sien tout émeu d'vn spectacle si doux
En le voyant couler boüillonne de couroux,
Et qu'vn tel mouuement dans sa source agitée,
Purge l'indignité qu'il auoit contractée.

D. LOPE.

Mais quand l'âge s'oppose....

IACINTE.

Ah, cessez d'y songer,
Pour vanger vne injure il faut la partager,
Et l'on voit rarement qu'vn vieillard qu'on affronte
Sur vn autre qu'vn fils puisse épandre sa honte.

D. LOPE.

Comme vn fils la partage, vn fils peut l'effacer?

IACINTE.

Sans doute qu'il le peut, mais que sert d'y penser,
D. Aluar n'estant plus....

D. LOPE.

Ah! permettez de grace
Que de ce frere mort j'aille tenir la place,
Et que m'offrant pour fils à D. Sanche outragé,
Ie tâche à rendre ainsi son malheur partagé.
Il demande du sang, & brûlant d'en répandre
I'en acquerray le droit si ie deuiens son gendre,
Et le mien par l'hymen dans le sien confondu
Deura celuy d'vn lâche à son honneur perdu.
Voila ce que pour vous l'amour me porte à faire,
Et si jusques icy ma flame a dû se taire,
Ie crains peu qu'vn refus fasse rougir mon front
Quand ie luy veux pour dot demander son affront.

IACINTE.

Si de ces sentiments vostre ame est preuenuë,
Apprenez qu'en m'aimāt vous m'auez mal cognuë,
Et que ie porte vn cœur assez fier, assez haut,
Pour se dérober mesme à l'ombre d'vn defaut.
Ie vous aime, il est vray, mais l'auriez vous pû croi-(re,
Sās croire en mesme temps que j'aime vostre gloire,
Et que de son éclat ie suis jalouse au point
De viure sans bonheur pour n'en triompher point.
Ne vous flattez donc plus d'vne vaine esperance
Qui blesse vostre honneur, dont ma vertu s'offence.
Si j'eusse hier estimé le bonheur d'estre à vous,
Ie vous dois aujourd'huy refuser pour époux,
Et ne pas m'exposer à ce reproche infame,
Que le manque d'honneur me rendit vostre femme.
Non, aucun n'aura droit de publier vn iour
Que D. Lope à ce prix achepta mon amour,
Que bien qu'elle fut deuë à son merite insigne
Ie ne pûs estre à luy que quand j'en fus indigne,

Et qu'enfin il fallut pour meriter sa foy
Qu'il trouuast quelque chose à supléer en moy.

D. LOPE.

Quoy, vous refuseriez vn cœur qui vous adore ?

IACINTE.

Quoy, ie pourrois souffrir ce qui me deshonore ?

D. LOPE.

I'asseure vostre honneur, & c'est là vous aimer.

IACINTE.

Ie conserue le vostre, & c'est vous estimer.

D. LOPE.

Helas ! que cette estime est contraire à ma flame!

IACINTE.

Accusez-en le Ciel sans m'en donner le blâme.

D. LOPE.

Que vous secondez bien sa funeste rigueur !

IACINTE.

Assez mal, & sans doute aux dépens de mon cœur,
Mais ma raison s'égare, & ce cœur trop sincere....

BLANCHE.

Madame.

IACINTE.

Qu'est-ce Blanche ?

BLANCHE.

Alonse & vostre pere .....

IACINTE.

Entrons icy de grace, & sur tout gardez bien
Que de cette entreueuë on ne soupçonne rien.

SCENE V.

D. SANCHE, ALONSE.

D. SANCHE.

QVel funeste conseil vous voulez que j'embrasse!
Consentir qu'il me voye, & qu'il me satisfasse!

ALONSE.

Mais enfin cent raisons vous y doiuent porter,
Que seruiroit encor de vous les repeter?
Outre que son pouuoir égale sa noblesse...

D. SANCHE.

Endurer qu'il triomphe ainsi de ma foiblesse!

ALONSE.

Ie vous l'ay déja dit, il est au desespoir
Que par de faux rapports on l'ait pû deceuoir.
D'vne indigne vangeance il dûst préuoir l'issuë,
Il dûst moins s'emporter, mais l'offence est receuë.

D. SANCHE.

Et de grace, son nom?

ALONSE.

Quand vous m'aurez promis
D'accepter vn accord qui vous doit rendre amis.

D. SANCHE.

Quoy, mon lâche ennemy lors mesme qu'il s'accuse
En seroit quitte ainsi pour quelque vaine excuse,
Et tant que ie viuray l'on verroit sur mon front,
Les traits mal effacez d'vn si sanglant affront?

ALONSE.

ALONSE.

Donc s'il pouuoit s'offrir vne voye assez prompte
Par où de vostre injure il partageast la honte,
Et qu'attirant sur luy l'affront qu'il vous a fait,
De cette violence il démentist l'effet ?

D. SANCHE.

Comment la démentir, si loin de s'en defendre....

ALONSE.

Ne le pourroit-il pas se faisant vostre gendre?
Lors auec vostre honneur le sien interessé,
Confondant l'offenceur auecque l'offencé,
L'hymen ayant vny son sang auec le vostre,
La pureté de l'vn rendroit l'éclat à l'autre,
Puisqu'on ne vit iamais dans vn mesme sujet
Subsister d'vn affront & l'autheur & l'objet.

D. SANCHE.

Ah ! si par cette voye vn sang impur se change,
Il vaut bien mieux choisir vn gendre qui me vange.

ALONSE.

Ne pouuant le choisir que sous de rudes loix,
A moins que de descendre, estes vous seur du choix ?
D'ailleurs cet ennemy que vous voulez cognoistre,
Est d'vn rang qu'on respecte & qu'on craindra peut-estre,
Et ce rang dans la Cour luy donne vn tel appuy,
Que peu voudront pour vous s'engager contre luy.

D. SANCHE.

Quoy donc, c'est seulement en luy donnant ma fille
Que ie puis restablir l'honneur de ma famille ?

ALONSE.

Y croyez-vous trouuer vn remede plus doux ?

D. SANCHE.

Il est mon ennemy, j'en ferois son époux !
Ce remede est pour moy pire que le mal mesme.

ALONSE.

Il le faut violent quand le mal est extrême.
Mais enfin resolvez, si ie n'obtiens ce point,
Son nom est vn secret que vous ne sçaurez point.

D. SANCHE.

A quelle indignité me voulez-vous contraindre?

ALONSE.

Ie sçay ce que ie fais, cessez de vous en plaindre.
Mais ne m'en croyez pas, & d'vn esprit remis
Allez sur cet accord consulter vos amis.

D. SANCHE.

Ie veux que leur adueu réponde à vostre attente;
Mais qui m'asseurera que ma fille y consente,
Que son esprit soûmis cede sans resister?

SCENE VI.

D. SANCHE, ALONSE, IACINTE.

IACINTE.

Moy-mesme, puisqu'enfin vous en pouuez douter.
Si du Ciel en naissant ie reçeus quelque outrage,
Au dessus de mon sexe il m'enfla le courage,
Et ce doit estre vn charme à mes tristes ennuis
De vous vanger du moins autant que ie le puis.

D. SANCHE.

Quoy, sans cognoistre à qui cet hymen te destine...

IACINTE.

Ah! jugez mieux d'vne ame où la vertu domine.

M'informer de son nom ce seroit balancer
Sur ce grand sacrifice où ie dois me forcer,
Ce seroit à mon cœur par cette cognoissance
Mandier lâchement vn peu de complaisance,
Et souffrir qu'on doutast si m'aimant plus que vous
Ie satisfais vn pere, ou choisis vn époux; (peine,
Non non, & quel qu'il soit, ie n'en suis point en
Ie ne puis voir en luy que l'objet de ma haine,
Et de tous les tourmens le plus affreux pour moy,
C'est sans doute celuy de receuoir sa foy,
Mais vous deuant le iour & le sang qui m'anime,
Ie dois à vostre honneur vne grande victime,
Et croy ne pouuoir mieux en restablir le cours
Qu'en luy sacrifiant le bonheur de mes iours.

D. SANCHE.

C'est trop, & ie m'oppose à ce deuoir seuere
Qui n'arreste tes yeux que sur l'affront d'vn pere,
Voy ce goufre de maux où tu veux t'exposer,
Soûpire en le voyant, & crains de trop oser.

IACINTE.

Ie voy tout ce que j'ose, & ma vertu se fâche
Qu'en moy vous soupçonniez rien de bas ny de lâche,
L'ardeur de vous vanger remplit trop mes desirs,
Pour abaisser mon ame à de honteux soûpirs.
Si mon sexe aujourd'huy m'auoit permis les armes,
Vous auriez veu du sang où vous craignez des larmes,
Mais ie feray du moins tout ce qu'il peut souffrir,
Et ne pouuant tuer, ie sçauray bien mourir.

D. SANCHE.

Ta vertu me rauit, vien, vien, que ie t'embrasse.

IACINTE.

Croyez-vous que par là nostre honte s'efface?
Ne perdez point de temps.

D. SANCHE.

Allons voir nos amis,
Et sçachons quel accord nous peut estre permis.

SCENE VII.

D. LOPE, IACINTE, BLANCHE.

IACINTE.

PRenez ce temps, D. Lope, & de peur qu'on me blâme,
Si son retour trop prompt...

D. LOPE.

Ie le prendray, Madame,
Adieu, mais prenez garde au serment que ie fais,
Ie vous quitte aujourd'huy pour ne vous voir iamais.
Vous engagez ailleurs la foy qui m'est promise,
On conspire ma mort, vostre adueu l'authorise,
I'en viens d'oüir l'arrest, & n'ay point éclaté,
Non qu'vn reste d'amour m'en ait sollicité,
Non que de mes respects ie garde la memoire,
Mais parce que i'ay dû cet effort à ma gloire,
Et que j'eusse rougy qu'vn mouuement jaloux
Eust conuaincu mon cœur d'auoir brûlé pour vous.

IACINTE.

Ah ! ne vous plaignez point où ie suis seule à plaindre,
L'effort est grand sans doute où j'ay sçeu me contraindre,
Mais ie n'ay pas jugé qu'vn plus bas sentiment
Meritast d'auoir eu D. Lope pour amant,

Et comme vos vertus par leur éclat ſublime
Pour gagner mon amour s'acquirent mon eſtime,
C'eſt par là ſeulement que j'eſpere à mon tour
M'acquerir voſtre eſtime, en perdant voſtre amour.

D. LOPE.

Vous l'acquerrez, Madame, & vous le deuez croire,
Si l'infidelité merite quelque gloire.

IACINTE.

Si mes feux aujourd'huy vous ſemblent inconſtans,
Suſpendez voſtre plainte, & laiſſez faire au temps.

D. LOPE.

Le temps n'adoucit point des malheurs de la ſorte.

IACINTE.

Le temps vous fera voir que voſtre amour s'emporte,
Et qu'enfin quel que ſoit le deſſein qu'on ait fait,
Pour en blâmer la cauſe, il en faut voir l'effet.

D. LOPE.

Helas! & quel effet dois-ie attendre du voſtre,
Quand de ce qui m'eſt dû l'on enrichit vn autre?
Ouy, mon riual triomphe, & mon eſpoir eſt vain,
N'auez vous pas promis de luy donner la main?

IACINTE.

Ie le feray ſans doute.

D. LOPE.

Et vous ſerez ſa femme?

IACINTE.

Moy! cette lâcheté pourroit m'entrer dans l'ame?

D. LOPE.

Que m'auez-vous donc dit, ou qu'eſt-ce que j'apprens?
Et comment accorder deux points ſi differents?

IACINTE.

Si pour les accorder vous manquez de lumiere,
Cognoiſſez aujourd'huy mon ame toute entiere,
Et de l'heur d'vn Riual ceſſant d'eſtre jaloux,
Confeſſez que mon cœur eſtoit digne de vous.

L'espoir de mon hymen n'est qu'vne attente vaine,
Sous ce trompeur adueu ie le liure à ma haine,
Et luy donnant la main, ie séme vn faux appas,
Qui sans aucun soupçon l'attire dans mes bras,
Où ma main dans son sang, au gré de mon enuie,
Vange auec mon honneur le repos de ma vie.
Estes-vous satisfait ?

D. LOPE.

Helas ! si ie le suis,
Vous mesme jugez-en, jugez si ie le puis.
Par luy seul vostre honneur à l'outrage est en bute,
Et quoy que contre luy vostre haine execute,
Apres le noir effet de son lâche dessein
Il mourra glorieux, s'il meurt de vostre main.
Non, il faut que par moy sa mort vous satisfasse,
Qu'elle soit vn supplice & non pas vne grace.
Le plus rude trépas luy deuiendroit trop doux
S'il auoit pû se dire vn moment vostre époux:
Au nom de cette amour ferme, pure, sincere . . .

IACINTE.

Brisons là, ie crains trop le retour de mon pere,
Esloignez-vous, de grace, & receuez ma foy
Que ie me souuiendray de ce que ie vous doy.

D. LOPE.

Ah, Madame, adjoûtez . . .

IACINTE.

Ie n'ay plus rien à dire.

D. LOPE.

Que mon Riual . . .

IACINTE.

Sortez, ou bien ie me retire.

D. LOPE.

Rigoureuse vertu que l'on doit admirer !
Helas ! à quels tourmens me viens-tu preparer ?

Fin du premier Acte.

ACTE II.

SCENE PREMIERE.

D. LOPE, CASSANDRE, FLORE.

D. LOPE.

C'Estoit peu que toûjours son deuoir trop fidelle
Contre ma passion eust cõbatu pour elle,
Quand pour la meriter ie croy voir quelque iour,
Vn fier motif d'honneur s'oppose à mon amour,
Et quoy qu'à mes soûpirs son cœur soit fauorable,
Cet honneur, ce deuoir, tout est inexorable.
Dures extrémitez ! qui le croiroit, ma sœur,
Que le Ciel me traitât auec tant de rigueur,
Que pouuant esperer d'auoir pour moy le pere,
La vertu de la fille à mes vœux fust contraire,
Et seule mist obstacle au plus charmant espoir
Que iamais vn amant eust droit de conceuoir?
Ie la perds, mais helas! perdant tout auec elle,
La façon de la perdre est pour moy si cruelle,
Que toute ma constance & fremit & s'abat
Aux menaces d'vn coup dont elle craint l'éclat.

Ce n'eſt point vn Riual dont l'amour preferée
Me dérobe vne foy ſi ſaintement jurée,
Ce n'eſt point vn vieillard dont l'ordre imperieux
Arrache à mon eſpoir vn bien ſi precieux.
Sans qu'vn Riual l'y porte, ou qu'vn pere l'ordonne,
Elle meſme s'engage, elle meſme ſe donne,
Et par ce ſacrifice, à ſon honneur offert,
Veut eſtre digne au moins de l'amant qu'elle perd.
Rigoureuſe faueur! tyrannique maxime!

CASSANDRE.

Sa reſolution merite qu'on l'eſtime,
Et ſon cœur par l'amour vainement combatu
M'oblige en vous plaignant d'admirer ſa vertu.

D. LOPE.

Vous deuez dauantage aux troubles de mon ame.
Voſtre amitié, ma ſœur, a fait naiſtre ma flame,
Et ie n'ay pû la voir ſi ſouuent auec vous,
Sans voir, ſans découurir cet éclat vif & doux,
Cette vertu modeſte, & ce rare merite
Dont le charme à l'amour ſecrettement inuite,
Et de tant de beautez voyant l'illuſtre appas,
Puiſque j'auois vn cœur, pouuois-ie n'aimer pas?
Ainſi quelques ennuis où cet amour m'expoſe,
M'ayant laiſſé la voir, vous en eſtes la cauſe,
Et pour moy vos bontez agiroient lâchement,
De pleindre en moy le frere, & negliger l'amant.
Voyez-la donc, ma ſœur, cette fille adorable,
Montrez-luy ce reſpect toûjours inébranlable,
Ce feu tenu ſecret auecque tant de ſoin,
Qu'il n'a ſouffert que vous juſqu'icy de témoin;
Mais c'eſt ce qui me perd, ſans ce fâcheux ſilence
Alonſe en euſt receu l'entiere confidence,
Et ne m'euſt pas reduit par ſes cruels aduis
A mourir de douleur ſi ie les voy ſuiuis.

C'eſt luy, ma ſœur, c'eſt luy qui propoſe à D. San-
Cet odieux hymen où l'vn & l'autre panche: (che
Mais ſi mon deſeſpoir doit enfin éclatter,
Pour mon Riual peut-eſtre il eſt à redouter.

CASSANDRE.

Quoy que de ſes aduis vous ayez à vous plaindre,
Voyez-le, cet Alonſe, auant que d'en rien craindre,
Il vous cherche par tout auec empreſſement.

D. LOPE.

C'eſt à voſtre priere ? aduoüez franchement.

CASSANDRE.

Vous pourrez de luy-meſme apprendre le contraire.

D. LOPE.

Voſtre hymen prés de luy me rend injuſte frere,
Et les biens de Fernand n'ayant pû vous charmer,
C'eſt moy qui vous contraints, c'eſt moy qu'il faut blâmer?

CASSANDRE.

S'il vous peint mon malheur comme vn malheur extrême,
C'eſt ſur ce que Fernand en dit tout haut luy-meſ- (me,
Qui tenant & l'amour & l'hymen à mépris,
N'euſt iamais rien conclu s'il n'euſt eſté ſurpris.
Encor tout de nouueau j'apprens qu'il s'oſe plaindre
Qu'Enrique à cet hymen luy ſeul l'a ſçeu contrain-
Et que ſa violence & ſon emportement (dre,
L'ont forcé par ſurpriſe à cet engagement.
Il le fait bien paroiſtre, on a pris la journée
Qui doit hâter ma mort par ce triſte hymenée,
Dans deux jours mon malheur ſous ſes loix me reduit,
Et bien loin de me voir, il ſemble qu'il me fuit.
Si pour vne maiſtreſſe il porte vn cœur ſans flâme,
Quel amour eſperer quand ie ſeray ſa femme ?

N'importe, c'en est fait, ayant receu sa foy
Vn lâche repentir est indigne de moy,
Et de tous les malheurs, vn cœur qui se possede
Dans sa propre vertu voit toûjours le remede.

D. LOPE.

Ce sentiment, ma sœur, est bien digne de vous,
Ie sçay que de tout temps vous fuyez vn époux,
Et vostre auersion nous a trop fait paroistre
Que vous craignez en luy de ne trouuer qu'vn maistre.
I'ay parlé pour Fernand, mais sçachez aujourd'huy
Que vostre interest seul m'a fait parler pour luy.
Enrique est violent, & voyant qu'il vous traite,
Malgré tous mes auis, moins en sœur qu'en sujette,
Appuyant vn hymen qu'on l'a veu rechercher,
Au pouuoir d'vn tyran j'ay crû vous arracher,
Et qu'enfin dans le choix d'vn sort toûjours cõtraire
Vous souffririez plûtost d'vn époux que d'vn frere.
Ie vous ay donc pressée, & ie vois à regret
Que j'ay lieu de m'en faire vn reproche secret.
La froideur de Fernand me surprend & m'afflige,
Mais à quoy que pour vous la Nature m'oblige,
Luy faire proposer de rompre cet accord
Seroit porter Enrique à conspirer sa mort.
Mais Dieux, vois-je Iacinte, ou si mon œil s'abuse?

CASSANDRE.

Les differens sont doux qui font naistre vne excuse.

SCENE II.

D. LOPE, CASSANDRE, IACINTE, BLANCHE, FLORE.

D. LOPE.

MAdame, quel dessein en ce lieu vous conduit?
Venez-vous voir l'estat où vous m'auez re-
Et de mon desespoir joüissant sans obstacle (duit,
Saouler vostre vertu d'vn si triste spectacle?

CASSANDRE *à Iacinte.*

Vous voyez les transports d'vn cœur vrayment at-
teint,
Il n'espere qu'en trouble & croit tout ce qu'il craint.

IACINTE.

I'auois fait vn dessein dont sans doute il soûpire,
Mais il estoit injuste, & ie viens m'en dédire.

D. LOPE.

Quoy! se pourroit-il bien qu'apres tant de rigueur,
Vn reste de tendresse eust émeu vostre cœur,
Que vous eussiez cognu qu'vne injustice extrême
Vous portoit à me perdre en vous perdant vous
mesme,
Et que l'amour enfin vous eust fait souuenir
Qu'il faut vanger vn pere, & non-pas vous punir?

IACINTE.

Ie sçay ce que ie dois aux interests d'vn pere,
Pour l'oublier iamais la gloire m'est trop chere,
Mais au nom de l'époux qu'il m'auoit destiné,
Contre moy tout à coup mon cœur s'est mutiné,

Et ſoudain condamnant ma premiere entrepriſe,
A ſa rebellion ma raiſon s'eſt ſoûmiſe.

D. LOPE.

Elle a dû s'y ſoûmettre, & ſon aueuglement
Auec trop d'injuſtice immoloit voſtre amant,
Le Ciel qui l'a cognuë y daigne mettre obſtacle,
Et mon amour confus attendoit ce miracle.
Mais puis-ie demander quel eſtoit cet époux?

IACINTE.

Le voulez-vous ſçauoir? vous, D. Lope.

D. LOPE.

Moy?

IACINTE.

Vous.

D. LOPE.

Helas! à ce diſcours que faut-il que ie penſe?

IACINTE.

Que mon pere vous croit l'autheur de ſon offence.

D. LOPE.

Que le perfide Alonſe ait oſé m'accuſer
Du crime le plus noir qu'on me pût impoſer!

IACINTE.

Sur vous d'vn coup ſi lâche il fait tomber le blâme,
Et par voſtre ordre ſeul....

D. LOPE.

Le croyez-vous, Madame?

IACINTE.

Vous voir & vous parler ſans faire agir mon bras,
C'eſt vous montrer aſſez que ie ne le croy pas.
Dequoy que vous accuſe vn indigne murmure,
L'amour que j'ay pour vous en conuainc l'impoſture,
Et répond hautement à mon cœur abatu
Et de voſtre innocence & de voſtre vertu.
Cette amour dãs ſon choix ne s'eſt point emportée,
Ayant pû l'acquerir, vous l'auez meritée.

Et

Et l'ayant meritée, il est à presumer
Qu'vne vertu sublime en vous me sçeut charmer,
Que la mienne jamais ne peut m'auoir trahie,
Que de fausses clartez ne m'ont point ébloüie,
Et qu'enfin j'ay dû voir dedans vn cœur constant
Tout ce qu'vn vray merite a de plus éclattant.
Voila sur quels appuis mon amour osa naistre,
Et si vous n'estiez pas ce que ie vous crois estre,
Si de bas sentimens vous tenoient partagé
Ie me voudrois punir d'en auoir mal jugé.

D. LOPE.

Pour bien juger de moy, jugez-en par vous mesme,
Ou pour dire encor plus, par ce cœur qui vous aime,
Puisqu'on ne vit jamais les belles passions
Sur des courages bas former d'impressions.
Mais si vostre vertu jugeant mon innocence,
Contre la calomnie entreprend ma deffence,
Daignez ne pas laisser vostre ouurage imparfait,
Et de l'erreur d'vn pere accordez-moy l'effet.
Voyez de vostre hymen ce qu'on luy fait pretendre;
Pour effacer sa honte il vous demande vn gendre,
Et puisque son honneur vous doit seul engager,
Faites tomber sur moy le droit de le vanger.
Prenez l'occasion que le Ciel vous presente
De remplir les deuoirs & de fille & d'amante,
Et ne me perdez pas quand il vous donne iour
A satisfaire ensemble & l'honneur & l'amour.

IACINTE.

D. Lope, qu'est-ce-cy ? vous oubliez sans doute
Que c'est vous qui parlez, & moy qui vous écoute ?
Ou voulant que j'embrasse vn projet si honteux,
La gloire vous déplaist pour objet de nos feux ?
Ainsi donc ma vertu doublement infidelle,
Répondra lâchement à ce qu'on attend d'elle,

Et ie pourray souffrir qu'on me reproche vn iour
Que l'honneur me seruit de pretexte à l'amour,
Qu'abusant de l'erreur qui pût surprendre vn pere,
Ie ne le satisfis que pour me satisfaire,
Et que ma passion couurit sa lâcheté
D'vn vain & faux éclat de generosité!

D. LOPE.

Comme toûjours sa flame a demeuré secrette,
La peur d'vn tel reproche en vain vous inquiete,
On ne soupçonne rien de cette noble ardeur
Qui m'acquit vostre estime en vous donnant mon cœur,
Et chacun vous croyant dans cet hymen surprise,
Personne ne sçaura que l'amour l'authorise,
Qu'à des motifs d'honneur il mêle son appas.

IACINTE.

Et moy, D. Lope, & moy ne le sçauray-ie pas?
Quoy! dans ce haut dessein où la vertu m'engage,
Estimez-vous si peu mon propre témoignage,
Et ne suffit-il pas pour m'en faire vne loy
Que mon cœur en secret dépose contre moy?
Quoy qu'on cherche l'estime auec des soins extrêmes,
Des belles actions le prix est en nous mesmes,
Ce charme interieur qui nous sçait émouuoir,
Est le plus doux encens qu'on puisse receuoir.
Sans que nous dépendions de ce qu'on ose croire,
C'est par nous que s'acheue ou détruit nostre gloire,
Et l'éclat du dehors a peine à l'aggrandir
Alors que le dedans refuse d'applaudir.
Vn cœur qui d'vn grand cœur aspire à l'auantage,
Doit s'oser dire tel par son propre suffrage,
S'en répondre à soy-mesme, & sur vn tel appuy
S'abandonner sans crainte à ce qu'on croit de luy.

D. LOPE.

Où me vás-tu reduire, ô vertu trop austere?

IACINTE.

Mais vous estes encor l'ennemy de mon pere,
On vous accuse enfin, conuainquez l'imposteur,
Et de nostre disgrace allez chercher l'autheur,
Montrez-vous innocent en le faisant cognoistre.

D. LOPE.

Quoy, c'est aussi par moy que son bonheur doit naistre,
Par moy, qui découurât son crime aux yeux de tous,
Luy cede mon espoir, & le fais vostre époux,
Et vous m'osez charger de cet employ funeste?

IACINTE.

Faisons nostre deuoir, le Ciel fera le reste.

D. LOPE.

Il faut vous obeïr, mais souuenez-vous bien
Que ce lâche cognû, ie ne cognois plus rien,
Et qu'à quoy que pour vous le respect me conuie,
Son bonheur est mal seur s'il me laisse la vie.
Adieu.

SCENE III.

IACINTE, CASSANDRE, FLORE, BLANCHE.

CASSANDRE.

C'Est vous seruir auec trop de rigueur
Du pouuoir que l'amour vous donne sur son cœur.

IACINTE.

C'est montrer que l'amour n'est vertueux ou lâche,
Que selon les objets où sa flame s'attache,

Et que ſi rarement vn courage abatu
De cette paſſion ſe fait vne vertu,
Iamais vne grande ame où la gloire préſide,
N'en prend dans ſes deſſeins l'aueuglement pour
guide.

CASSANDRE.

Ainſi ce grand pouuoir que vous gardez ſur vous,
Des plus âpres malheurs vous fait brauer les coups.
Que vous eſtes heureuſe, & que ie ſuis à plaindre !

IACINTE.

Pouuant tout eſperer, vous n'auez rien à craindre,
Mais ſi voſtre malheur eſtoit égal au mien,
Vous auriez tout à craindre, & n'eſpereriez rien.

CASSANDRE.

En l'eſtat où ie ſuis, que faut-il que j'eſpere?
L'hymen rend dans deux iours mon amour neceſ-
ſaire,
Ie le dois à Fernand, & preſque au deſeſpoir,
Tout mon cœur ſe refuſe à ce triſte deuoir.

IACINTE.

Au moins ce grãd malheur qui cauſe voſtre plainte,
Peut eſtre ſurmonté par vn peu de contrainte,
Et quelque auerſion qu'on ait au nom d'époux,
C'eſt n'en haïr aucun, que de les haïr tous.
Mais d'vn reuers ſi dur ma diſgrace eſt ſuiuie,
Qu'écoutant le projet où l'honneur me conuie,
Il me faut étouffer les plus beaux ſentimens
Que la gloire iamais permit aux vrais amans.
Car enfin c'eſt en vain que ie le voudrois taire,
D. Lope a des vertus dont l'éclat m'a ſçeu plaire,
Et ie ne puis ſonger ſans trouble & ſans ennuy
Que qui n'oſe le perdre eſt indigne de luy.

CASSANDRE.

Apres vn tel adueu vous oſeray-ie dire....
Mais que ne dit-on point lors que le cœur ſoûpire,

Et que dans ses soûpirs, interdit & confus,
Il parle, il s'embarasse, & ne se comprend plus?

IACINTE.

Il n'est pas mal-aisé d'entendre ce langage,
Ie voy contre l'hymen quel motif vous engage,
Qu'on n'éteint pas sans peine vn feu bien allumé,
Et que vous aimeriez, si vous n'auiez aimé.

CASSANDRE.

Ie l'aduoüe, & iamais vne plus belle flame
Pour vn plus digne objet ne regna dans vne ame,
Mais las! que la Fortune, au moins jusqu'à ce iour,
Respecte rarement vn vertueux amour!

Flore & Blanche rentrent.

Icy dedans Madrid, sous les loix d'vne tante,
Ie menois vne vie & paisible & contente,
Et mes freres en Flandre, en de nobles emplois,
Laissoient à mes desirs la liberté du choix,
Alors qu'vn Caualier dans vn peril extrême
Osa m'en dégager en s'y jettant luy-mesme,
Et par ce grand seruice engagea ma raison
A souffrir de mon cœur l'aimable trahison,
Il me vit, ie le vis, & trop recognoissante,
Pensant n'estre rien plus, ie me sentis amante.
Ie ne vous diray point par quels soins, par quels vœux
Il disposa mon ame à répondre à ses feux,
Ny quel rapport d'humeurs l'vne à l'autre assorties,
Forma de nos esprits les douces sympaties,
Ce seroit retracer dedans mon souuenir
Des traits mal effacez qu'il tâche de bannir,
Vous sçaurez seulement que quoy que ie supprime,
Rien de honteux pour moy ne m'acquit son estime,
Et que l'ayant cognû genereux & discret,
Ie ne pûs refuser de le voir en secret.

Mais quoy qu'il me jurast entiere obeïssance,
Il sçeut auec tant d'art me cacher sa naissance,
Que m'opposant toûjours quelque obligeant refus,
Ayant appris son nom, ie ne sçeus rien de plus,
Si ce n'est que pour vaincre vn destin trop cõtraire,
Vn voyage d'vn an se trouuoit necessaire,
Et qu'alors plus heureux & plus digne de moy,
Il se feroit cognoistre aussi bien que sa foy.
Que vous diray-ie enfin ? sans sçauoir dauantage
Il fallut consentir à ce triste voyage,
Et sur vn élement le plus traistre de tous,
Abandonner aux vents mon espoir le plus doux.
Il partit, & le Ciel pour comble de miseres
Fit suiure son depart du retour de mes freres,
Ah !

IACINTE.

Si par ce recit....

CASSANDRE.

Acheuons; ce n'est rien.
Iugez par ce retour quel malheur fut le mien.
A me tyranniser leur amitié consiste,
Vn party se presente, ils pressent, ie resiste,
Ils parlent pour vn autre, & par trop de rigueur
Leur gloire s'interesse à garder vne sœur.
Ie recule toûjours, tandis le temps se passe,
Déja mon triste cœur fremit de sa disgrace,
Et dans le sort douteux d'vn amant qu'il attend,
Met son moindre supplice à le croire inconstant,
Quand sur moy la Fortune acheuant son ouurage,
Par celuy d'vn parent on m'apprend son naufrage,
Ils s'estoient embarquez dans le mesme vaisseau,
Et la mer de tous deux fut l'injuste tombeau.
Ah Dieux !

IACINTE.

Vostre douleur semble toûjours s'accroistre

CASSANDRE.

Helas ! à tous momens ie croy le voir paroistre,
Ie l'entens qui se plaint d'auoir esté trahy,
Que quoy qu'apres deux ans j'ay trop tost obeï,
Que Fernand..... juste Ciel! pardonnez ma foiblesse,
A ce funeste nom ma constance me laisse,
Approchez-moy d'vn siege, & souffrez qu'aux abois
Ma flame....

IACINTE.

La douleur luy suffoque la voix,
Flore vient de sortir, quel conseil dois-je prendre ?

SCENE IV.

IACINTE, CASSANDRE, FLORE, BLANCHE.

IACINTE.

FLore, & viste.

CASSANDRE *comme en pâmoison.*

Ah ! pardon, chere Ombre.

IACINTE.

Voy, Cassandre...

FLORE.

Ah ! Madame.

IACINTE.

Qu'as-tu ?

FLORE.

Son amant...

IACINTE.

Qui ? Fernand?

FLORE.

Non, mais par vn destin tout à fait surprenant,
Celuy qu'elle croit mort...

IACINTE.

Et bien?

FLORE.

Est là, qui presse...

IACINTE.

Que dis-tu?

FLORE.

Qu'il demande à reuoir sa maistresse,
Mais le voicy luy-mesme, il entre.

IACINTE.

Ah, justes Dieux!
C'est mon frere.

SCENE V.

D. ALVAR, IACINTE, CASSANDRE, FLORE, BLANCHE.

D. ALVAR.

AH, ma sœur, qui vous met en ces lieux?
Vous trouuer à Madrid, & vous croire à Tolede!

IACINTE.

Donc apres auoir crû nos malheurs sans remede....

D. ALVAR.

Ie cherche icy Cassandre, excusez mon transport.
Mais fuit-elle ma veuë, ou si c'est qu'elle dort?
Madame, c'est donc là cette innocente joye,
Qu'au retour d'vn amant vne amante déploye?

Faut-il qu'apres deux ans & d'abſence & de maux...

CASSANDRE *comme en pâmoiſon.*

Laiſſe-moy, D. Aluar, vn moment en repos.

D. ALVAR.

Helas, de cet accueil que faut-il que j'augure?

IACINTE.

C'eſt vn leger accez, ne craignez pas qu'il dure,
Il va donner relâche à ſes ſens aſſoupis.

D. ALVAR.

Ouurez les yeux, Madame, & voyez que ie vis.

CASSANDRE *en pâmoiſon.*

Songes-tu que deux ans m'ont trop juſtifiée,
Et que vefue de toy ie me ſuis mariée?

D. ALVAR.

Que dit-elle, ma ſœur?

IACINTE.

Elle reuient à ſoy.

CASSANDRE.

Iacinte, helas! où ſuis-je, & qu'eſt-ce que ie voy?

IACINTE.

Reprenez vos eſprits.

CASSANDRE.

Et les puis-je reprendre
Si ie voy ce qu'enfin ie ne ſçaurois comprendre?
D. Aluar viuroit-il?

D. ALVAR.

Apprenez-moy ſon ſort,
Vous le ſçauez vous ſeule, eſt-il viuant ou mort?
Ie ſçay que ſur vn banc échapé du naufrage,
Eſchapé des rigueurs d'vn étroit eſclauage,
Le Ciel qui l'en ſauua le renuoyoit au iour,
Mais viuroit-il encor s'il n'a plus voſtre amour?
Parlez, Madame.

CASSANDRE.

Helas!

D. ALVAR.

Soûpirer & ſe taire !
Ah ! ma ſœur.

CASSANDRE.

Que dit-il ? D. Aluar voſtre frere ?

IACINTE.

Ouy, vous voyez ce frere ....

D. ALVAR.

Ah ! c'eſt trop me géner,
Dites-moy ce qu'enfin ie n'oſe deuiner.
I'eus tort de vous quitter, vous ſeriez-vous vangée,
Vn autre eſt-il heureux, eſtes vous engagée ?

CASSANDRE.

Vous viuant , dites-moy comment ie l'aduouë-ray ?
Mais le puis-je nier s'il n'eſt rien de plus vray ?

D. ALVAR.

Quoy, plus d'eſpoir pour moy ?

CASSANDRE.

La parole eſt donnée,
Et ma main dans deux iours acheue l'hymenée.

D. ALVAR.

Ce terme peut encor rétablir mon bonheur.

CASSANDRE.

Ce terme eſt peu de choſe à qui cherit l'honneur.

D. ALVAR.

Et vous m'auez aimé ?

CASSANDRE.

Mon heur ſeroit extrême
D'oſer dire, j'aimay, ſans pouuoir dire, j'aime.

D. ALVAR.

Ah, s'il vous reſte encor ....

CASSANDRE.

Ne me demandez rien,
Ie ſçay ce que ſe doit vn cœur comme le mien.

Tant que vostre retour flatta mon esperance,
En vain l'on essaya d'ébransler ma constance.
Le bruit de vostre mort a dégagé ma foy,
Il vous perd, il me perd, plaignez vous, plaignez moy,
Ou plûtost pour sauuer l'éclat de vostre gloire,
Acheptez par l'absence vne illustre victoire.
D'vn feu jadis si beau perdez le souuenir,
Et fuyez vn objet qui peut l'entretenir.
Adieu, vous me perdez si mes freres suruiennent.

D. ALVAR.

Que ne rompez-vous donc les nœuds qui me retiennent?

CASSANDRE.

Ie les croy toûjours voir, tirez-moy de soucy.

D. ALVAR.

Et bien, si vous craignez de me parler icy,
Au moins faites qu'ailleurs ie puisse vous apprẽdre...

CASSANDRE.

Ne pouuant rien pour vous ie ne dois rien entendre,
Ie ne vous verray plus.

D. ALVAR.

Comment donc vous quitter?

CASSANDRE.

Le peril croist toûjours, c'est trop vous écouter,
Ie me retire.

D. ALVAR.

Helas! ma sœur, quelle injustice!
C'est donc ainsi qu'au port il faut que je perisse.
Ah, que ne suis-je mort, ou pourquoy l'a-t'on crû?

IACINTE.

Ce faux bruit en deux ans ne s'est que trop accrû,
Aussi me destinant le grand bien qu'il possede,
Mon pere sur ce bruit voulut quitter Tolede,

Eſperant qu'à Madrid....

D. ALVAR.

Ah, puiſqu'il me croit mort,
Promettez-moy, ma ſœur, de luy cacher mon ſort;
Car enfin ſi le Ciel s'obſtine à me pourſuiure,
Mon eſpoir eſtant mort ie ne veux point reuiure.
Adieu, vous ſeule icy me pouuez ſecourir,
Touchez pour moy Caſſandre, ou me laiſſez mourir.

Fin du ſecond Acte.

ACTE

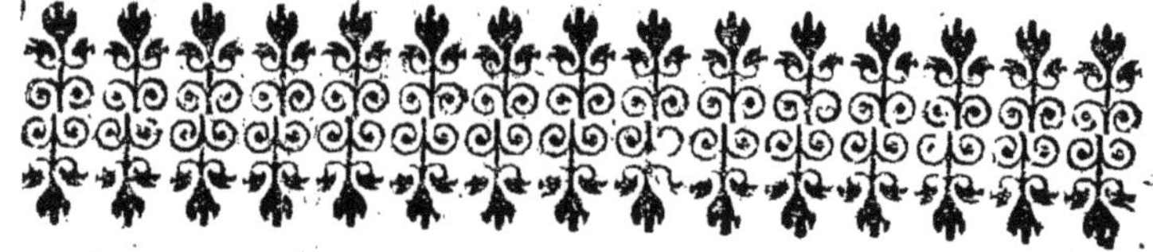

ACTE III.

SCENE PREMIERE.

D. SANCHE, D. RAMIRE.

D. RAMIRE.

ENfin instruit d'vn nom que vous brûliez d'apprendre,
D'vn ennemy secret vous allez faire vn gendre?

D. SANCHE.

Au moins suis-ie rauy que contre mon espoir
Vos fidelles conseils m'en donnent le pouuoir.

D. RAMIRE.

Le conseil est fâcheux, & j'ay veu l'assemblée,
Sans pouuoir que resoudre, également troublée,
Mais quoy qu'auec des yeux de Iuges rigoureux,
Ne regardant en vous qu'vn vieillard malheureux,
Que la suitte de l'âge a mis dans l'impuissance
D'effacer par le sang la honte d'vne offence,
Voyant d'ailleurs Alonse à se taire obstiné
A moins qu'à cet accord on vous eust condamné,
Et vous mesme sur tout témoigner de vous rendre...

D. SANCHE.

Ie n'en vsois ainsi que pour mieux le surprendre,
Sçachant qu'à ne me voir ébranlé qu'à demy,
Il m'eust toûjours caché quel est mon ennemy.

D

Il me l'a donc nommé deuant ma fille mesme,
Et pour mieux déguiser encor le stratagême,
I'ay voulu deuant luy ne luy donner qu'vn iour
A disposer son ame à ce funeste amour,
Luy-mesme il l'en a veuë & surprise & confuse,
Mais il est iuste enfin que ie la desabuse,
Et qu'elle sçache au moins que mon juste couroux
Dedans mon ennemy ne peut voir son époux.

D. RAMIRE.

Quoy, vostre procedé n'estoit qu'vn artifice?

D. SANCHE.

I'ay fait ce que sans doute il falloit que ie fisse.

D. RAMIRE.

Si toûjours la vangeance occupe vos esprits,
Le Ciel plus à propos n'eust pû vous rendre vn fils,
D. Alvar est viuant.

D. SANCHE.

Quoy, mon fils, D. Ramire,
Mon fils seroit viuant?

D. RAMIRE.

Ouy, D. Alvar respire,
A deux cens pas d'icy ie viens de le quitter.

D. SANCHE.

Vn plus foible rapport m'en laisseroit douter.
Mais qui l'empesche donc à mes yeux de paroistre?
Est-ce qu'en ma disgrace il me veut mécognoistre,
Que mon honneur blessé touche peu son esprit,
Ou qu'il ignore encor mon sejour à Madrid?

D. RAMIRE.

Il l'ignore sans doute, & j'allois l'en instruire,
Quand surpris tout à coup au nom de D. Ramire,
Sans me laisser parler, se tirant de mes bras:
Ah! si l'on me croit mort, on ne s'abuse pas,
M'a-t'il dit, & la mer ne m'a laissé la vie,
Qu'afin que par l'amour elle me fust rauie,

Il a donné l'arreſt, il faut l'executer.
A ces mots s'échapant, ſans vouloir m'écouter,
Son pas précipité, le détour d'vne ruë,
L'ont ſçeu preſque auſſi-toſt dérober à ma veuë.

D. SANCHE.

Quoy, le croyant reuoir, il m'eſt encor rauy!

D. RAMIRE.

Ne vous alarmez point, vn des miens l'a ſuiuy,
Mais l'ayant retrouué, que luy pourray-ie aprendre?

D. SANCHE.

Ce malheur dont le bruit a pû ſi-toſt s'épandre.

D. RAMIRE.

Mais ignorant l'autheur....

D. SANCHE.

Il l'apprendra de moy
Quand ſur vn tel ſecret j'auray receu ſa foy.
Car enfin pour punir vne action ſi noire,
Si j'employois vn fils, ie trahirois ſa gloire,
Mon mal veut vn remede & violent & prompt,
Et ie dois meſurer la vangeance à l'affront.

D. RAMIRE.

Ne pouuant auec luy m'expliquer dauantage,
Il vaut mieux par vous ſeul qu'il apprenne l'outrage,
Ainſi par vn billet que ie feray tenir,
Sur vn affront receu, preſſez-le de venir.

D. SANCHE.

Et bien, ſans perdre temps, allons chez moy l'écrire,
Ce billet...

SCENE II.

D. SANCHE, D. RAMIRE, IACINTE, BLANCHE.

D. SANCHE.

AH! ma fille, à la fin ie respire,
Et dans l'heureux succez qui flate mes desirs,
Tu peux donner relâche à tes tristes soûpirs.
Ta vertu s'est montrée entiere, pure, pleine,
Ioüis de son éclat sans en craindre la peine,
Enfin ne songe plus à l'hymen proposé,
Ie le pressois moy-mesme, on m'auoit abusé,
I'auois presté les yeux à de fausses lumieres,
A des illusions sans doute trop grossieres,
Mais sans qu'il soit besoin de trahir ton bon-heur,
Le Ciel m'offre vn moyen d'asseurer mon honneur,
Il m'est plus glorieux, & pour toy moins funeste,
Adieu, le temps sçaura te découurir le reste.

SCENE III.

IACINTE, BLANCHE.

IACINTE.

QVe veut-il dire, Blanche, & que m'imaginer
De ce confus aduis qu'il vient de me donner?

BLANCHE.

S'il vous paroit confus, au moins j'en conjecture
Qu'il ne croit plus D. Lope autheur de son injure,
Il doit cognoistre au vray quel est son ennemy.

IACINTE.

Mais par où son honneur peut-il estre affermy?
Quel sera ce moyen que le tẽps doit m'apprendre?

BLANCHE.

C'est ce qui comme à vous me fait peine à comprendre,
Si ce n'est qu'à la Cour son malheur estant sçeu,
On y doiue étouffer l'affront qu'il a receu,
Et par son ennemy le faisant satisfaire,
Forcer & sa vangeance & l'enuie à se taire.

IACINTE.

Quelque espoir que mon cœur me presse d'en former,
Vne obscure frayeur vient toûjours m'alarmer.
Du sort de D. Alvar ayant eu cognoissance,
Peut-estre il se tient seur par luy de sa vengeance,
Et que contre D. Lope animant sa fureur....

BLANCHE.

Pourquoy contre D. Lope? il est sorty d'erreur,
Par ce qu'il vous a dit il vous l'a fait cognoistre.

IACINTE.

Que n'est-ce vn faux soupçon que l'amour fasse naistre?
Mais Cassandre paroist, & s'aduance vers nous.

SCENE IV.

CASSANDRE, IACINTE, BLANCHE, FLORE.

IACINTE.

ET bien, qu'a ſçeu D. Lope, & que m'apprendrez-vous?
Pourra-t'il obliger Alonſe à ſe dédire?

CASSANDRE.

Ne l'ayant pû trouuer, il ſe plaint, il ſoûpire,
Et croit que de luy-meſme il peut ſe défier
Si ſon meilleur amy l'oſe calomnier.
Cependant pour luy plaire il faut que ie vous voye,
Il m'eſt aiſé, dit-il, de reſtablir ſa joye,
Et de vous détourner de cet hymen fatal
Qui tous deux vous immole au bon-heur d'vn riual.

IACINTE.

Si de ce ſeul malheur la crainte l'inquiete,
Qu'il ſe mette en repos, il a ce qu'il ſouhaite.

CASSANDRE.

D. Sanche à cet hymen n'a donc pû conſentir?

IACINTE.

Tout à l'heure en paſſant il m'en vient d'aduertir,
Et ſi j'ay bien compris ce qu'il m'a fait entendre,
Il ſçait que pour D. Lope on l'a voulu ſurprendre.

CASSANDRE.

I'admire en ſa fortune vn ſi prompt changement.

IACINTE.

I'ay ſçeu cette nouuelle aſſez confuſément.

Auec luy D. Ramire estant en conference,
Luy qui de ses secrets reçoit la confidence,
I'ay dû me contenter de ce qu'il m'en a dit;
Mais ie sçay comme il faut ménager son esprit,
Et mettant le détour & l'adresse en pratique
Ie n'auray pas de peine à faire qu'il s'explique.

CASSANDRE.

Allez donc, les effets nous ont souuent fait voir
Qu'vn secret sçeu trop tard ruïne vn bel espoir.

SCENE V.

CASSANDRE, FLORE.

CASSANDRE.

AInsi tout se prepare au bonheur de mon frere.

FLORE.

Ainsi, si vous cessiez de vous estre contraire,
Vous n'auriez pas à craindre ....

CASSANDRE.

Ah Flore, que dis-tu ?

FLORE.

Que tout vostre heur dépend d'vn peu moins de (vertu.
Des mépris de Fernand la preuue est trop certaine,
Si proche de l'hymen il ne vous voit qu'à peine,
Et vous faites encor vn scrupule si grand
De reprendre vne foy que sa froideur vous rend?

CASSANDRE.

Quand de ce changement j'aurois esté capable,
Sçachant ce que ie sçay, seroit-il excusable?
Il l'eust esté peut-estre, & du moins bien plus beau
Auant que D. Aluar fust sorty du tombeau,

Mais aujourd'huy qu'il vit, donner lieu qu'on soup-
çonne,
Qu'aux dépens de ma foy mon lâche cœur se don-
Que ie romps.... (ne,

FLORE.

Le voicy, souffrez-luy quelque espoir.

CASSANDRE. (voir.

Non, Flore, éloignons-nous, ie ne veux point le

SCENE VI.

D. ALVAR, CASSANDRE, FLORE.

D. ALVAR.

ME fuyez vous, Madame, & portez-vous enuie
A ce foible bonheur, le dernier de ma vie ?
Dans ce qu'il fait pour moy n'ayant aucune part,
Pourquoy vous opposer aux faueurs du hazard ?
Est-ce qu'en vostre cœur l'excez de ma disgrace
Fait succeder la haine à l'amour qu'elle en chasse,
Ou que ce mesme cœur pour moy trop rigoureux,
Croit que s'il n'est cruel il n'est point genereux ?

CASSANDRE.

Mon cœur n'est point cruel, & ce n'est pas sans
peine
Qu'il vous entend parler & d'amour & de haine,
Car enfin quelques maux qu'il puisse ressentir,
L'vne n'y peut entrer, mais l'autre en doit sortir.

D. ALVAR.

C'est donc ce qu'à mes feux apres deux ans d'absen-
Vous reseruiez pour prix de ma perseuerance ? (ce

Encor si vostre cœur moins sensible à ces feux
Par quelque auersion échapoit à mes vœux,
Si la haine m'ostoit ce qu'il faut que ie quitte,
Ie n'en accuserois que mon peu de merite,
Et sur mes seuls defauts jettant vn œil jaloux,
Ie me plaindrois du Ciel sans me plaindre de vous:
Mais par vne rigueur qu'on aura peine à croire,
M'arracher de ce cœur fait toute vostre gloire,
Et ces traits que l'amour luy-mesme y sçeut tracer,
C'est en les déchirant qu'il les faut effacer.

CASSANDRE.

Dans le triste reuers dont ie souffre l'atteinte,
Si ma juste conduite attire vostre plainte,
Songez qu'il est bien dur de la voir condamner
A qui ne peut auoir d'excuse à vous donner.

D. ALVAR.

Quoy, vostre fier deuoir jusques-là vous abuse
Que vous me refusiez la douceur d'vne excuse?

CASSANDRE.

C'est ce que vostre amour ne doit point exiger.
Qu'auroit-elle aussi bien qui le pûst soulager,
Qui pûst donner relâche au trouble qui l'agite,
Puisque ie n'en ay qu'vne & que ie vous l'ay dite?

D. ALVAR.

Ah, si cette raison vous la fait supprimer,
Que vous cognoissez peu ce que c'est que d'aimer!
Iamais, jamais l'amour n'eut d'excuse friuole,
Il sçait charmer cent fois par la mesme parole,
On a beau la redire & beau la repeter,
De nouuelles douceurs s'y font toûjours goûter,
L'appas en est secret & le pouuoir extrême,
Et si pour qui la dit elle est toûjours la mesme,
Bien qu'elle semble l'estre, il est certain pourtant
Qu'elle n'est pas la mesme à celuy qui l'entend.
Dites-la donc encor cette excuse charmante,

Qui ſoulage mes maux quand elle les augmente,
Et meſlant vos regrets à mes viues douleurs,
Preſſe mon deſeſpoir de finir mes malheurs.

CASSANDRE.

Et vous pourriez ſouffrir qu'aux dépens de ma gloire
I'écoutaſſe vne amour que ie ne dois plus croire ?
Quand d'abord voſtre veuë a troublé mes eſprits,
L'ame toute en deſordre & les ſens interdits,
I'ay pû m'abandonner dans ma ſurpriſe extrême
A ce que penſe vn cœur quand il perd ce qu'il aime,
Et que preſt de ſubir vn redoutable ſort
Il regrette viuant ce qu'il a pleuré mort.
Mais enfin à preſent qu'vn peu mieux éclairée,
Ma raiſon ſert de guide à mon ame égarée,
Et que mon cœur honteux de ſe voir abatu
Auec plus de vigueur rappelle ſa vertu,
Loin de ſuiure l'erreur qui m'auoit abuſée,
Si ie dois m'excuſer, c'eſt de m'eſtre excuſée,
Et d'auoir fait paroiſtre auec quel deſeſpoir
L'amour que j'eus pour vous s'immole à mon deuoir.

D. ALVAR.

Ainſi vous détrompant du bruit de mon naufrage,
Confeſſez qu'à mes feux j'oſte vn grand auantage,
Et qu'il vaudroit bien mieux qu'ainſi qu'auparauant,
Vous m'eſtimaſſiez mort que de me voir viuant.

CASSANDRE.

Au moins pourrois-je encor me diſpenſer ſans honte
A pouſſer des ſoûpirs pour vne mort trop prompte,
Et ſans examiner ſi dans de tels malheurs
L'amour ou la pitié feroit couler mes pleurs,
Pour flatter mon ennuy ie trouuerois des charmes
A me croire permis de répandre des larmes;

Mais lors que vous viuez, des ſentimens ſi doux
Sont trop pour mon deuoir s'ils ſont trop peu pour vous,
C'eſt à les étouffer qu'il faut que ie m'applique,
Et comme voſtre veuë en eſt l'obſtacle vnique,
Ie ſuis vn ennemy qu'en mon ennuy ſecret
Ie combats auec peine & ne vaincs qu'à regret.

D. ALVAR.

Vous me quittez, Madame ?

CASSANDRE.

Il y va de ma gloire.

D. ALVAR.

Et d'vn amour ſi pur vous perdrez la memoire ?

CASSANDRE.

I'y feray mon pouuoir.

D. ALVAR.

Oyez donc juſqu'au bout,
A quel point ....

CASSANDRE.

Non, c'eſt trop.

D. ALVAR.

Ie vous ſuiuray par tout,
Et ſi vous me quittez, il n'eſt reſpect ny crainte
Qui m'empeſche chez vous d'aller porter ma plainte.

CASSANDRE.

Si ie dois l'écouter, ſçachez auparauant
Ce que s'en doit promettre vn eſpoir deceuant.
Quand celuy d'eſtre à vous authoriſa ma flame
Ie ne vous cachay point les ſecrets de mon ame,
Et vos feux n'ayant rien qui bleſſaſt mon deuoir,
Ie vous aimay ſans doute & vous le pûſtes voir.
Par vn funeſte bruit ma fortune changée
Ayant crû voſtre mort ie me ſuis engagée,
Ce bruit m'a fait ailleurs diſpoſer de ma foy,
Vous ſçauez qui ie ſuis & ce que ie me doy,

Que l'honneur a ses loix que l'on ne peut enfraindre ;
Plaignez-vous là dessus si vous osez vous plaindre.

D. ALVAR.

Ouy, ie l'ose, Madame, & si vous n'esperez ...
Mais las ! que puis-je dire alors que vous pleurez ?

CASSANDRE.

Si mes yeux par des pleurs attentent sur ma gloire,
Ce sont des imposteurs que l'on ne doit pas croire.

D. ALVAR.

Quoy donc, vos passions sont tellement à vous
Qu'vn moment peut changer la tendresse en courroux?
Est-il possible, helas ! qu'auec si peu de peine
Vous reduisiez l'amour aux effets de la haine,
Et qu'exposée aux coups des plus rudes combats
Vous puissiez soûpirer & ne soûpirer pas ?
Ah, si jamais pour vous ma flame eut quelques charmes,
Enseignez-moy comment vous vous seruez des larmes,
De ces larmes toûjours si prestes d'obeïr,
Qui prennent loy de vous, qui n'osent vous trahir,
Et que par vn pouuoir que ie ne puis comprendre
Ie vous vois essuyer aussi-tost que répandre.

CASSANDRE.

Quand de ce que ie fus j'ose me souuenir,
Mon cœur comme en tribut s'appreste à m'en fournir,
Quand par ce que ie suis il cognoit qu'il s'abuse,
Mon cœur, ce mesme cœur soudain me les refuse,
Et par ces sentimens l'vn à l'autre opposez
Deux partis se formants dans mes sens diuisez,
Sans permettre aucun calme à mon ame inquiete,
La douleur les attire & l'honneur les arreste,
Ne pouuant consentir qu'en vn sort si nouueau
Le plus bas sentiment triomphe du plus beau.

D. ALVAR.

D. ALVAR.

Enfin c'est à regret qu'entre les bras d'vn autre...

CASSANDRE.

Si l'adueu de mon mal peut adoucir le vostre,
Ouy, ie souffre à vous perdre, & mon cœur alarmé
Ne se souuient que trop de vous auoir aimé,
En vain pour l'oublier il se fait violence.

D. ALVAR.

Donc ie puis....

CASSANDRE.

N'en tirez aucune consequence.

D. ALVAR.

Esperer que peut-estre....

CASSANDRE.

Injuste & vain espoir!

D. ALVAR.

Mon amour....

CASSANDRE.

Ne pourra corrompre mon deuoir,
Et plustost que....

FLORE *montrant Enrique qui paroist.*

Madame.

CASSANDRE.

O disgrace impreueuë!
Empeschez qu'on me suiue, ou bien ie suis perduë.

SCENE VII.

ENRIQVE, D. ALVAR, CASSANDRE, FLORE.

ENRIQVE.

NE vois-ie pas ma sœur ? elle me fuit en vain
Si . . .

D. ALVAR *coupant chemin à Enrique qu'il voit se preparer à suiure Cassandre.*

Vous m'obligerez de changer de dessein,
Cette Dame me touche.

ENRIQVE.

Et plus que vous peut-estre
Moy-mesme elle me touche, & ie la veux cognoi-(stre.

D. ALVAR.

I'y pourray mettre obstacle.

ENRIQVE *mettant l'épée à la main.*

Ah Dieu, me menacer!
Voicy, voicy par où ie le sçauray forcer.

D. ALVAR.

Vous reculez pourtant.

CASSANDRE *paroissant apres que D. Alvar a fait reculer Enrique hors du Theatre.*

Helas! que dois-ie faire?
Quel funeste combat d'vn amant & d'vn frere!

FLORE.

On les separera, ne craignez rien pour eux.

CASSANDRE.

Ce quartier est desert, D. Alvar malheureux,
Et la nuit qui suruient . . .

FLORE.

Retirons nous, Madame.

CASSANDRE.

Que de troubles diuers s'éleuent dans mon ame !
Encor ſi nous pouuions trouuer quelque ſecours.

FLORE.

Nous ne les voyons plus, ils s'éloignent toûjours,
Mais D. Lope....

SCENE VIII.

D. LOPE, CASSANDRE, FLORE.

D. LOPE.

AH, ma ſœur, la funeſte nouuelle !

CASSANDRE.

Qu'eſt-ce, mon frere ?

D. LOPE.

Alonſe eſt vn amy fidelle,
Et cette trahiſon dont j'oſois murmurer,
M'aſſeuroit le ſeul bien que ie puis eſperer;
Mais jugez quel eſpoir me doit reſter encore
Quand Enrique me perd, quand il me deshonore,
Et qu'autheur d'vn affront que ie croyois vanger,
Malgré moy dans ſon crime il a ſçeu m'engager.
Mais qui vous trouble ainſi ? vous ſemblez toute
(émeuë.

CASSANDRE.

Vn bruit d'armes oüy dans la prochaine ruë,
D'vn effroy ſi ſubit vient de ſaiſir mon cœur...

D. LOPE.

Ie l'entens en effet, éloignez-vous, ma ſœur.
Ie verray ce que c'eſt.

SCENE IX.

D. LOPE, D. ALVAR,
Trois BRAVES le poursuiuant.

1. BRAVE.

TA mort suiura la sienne.

D. ALVAR.

Que ne l'empeschiez-vous, cõme ie fais la mienne,
Lâches ?

D. LOPE.

Quoy, trois contre vn? donnons ie suis à vous,
Mon Caualier, courage.

2. BRAVE.

O Dieu, les rudes coups !

3. BRAVE.

Ah ! D. Lope .....

D. LOPE.

Mon nom dans la bouche d'vn lâche!

3. BRAVE.

Sçachez .....

D. LOPE.

I'ay déja sçeu ce qu'il faut que ie sçache.

2. BRAVE.

Craignant quelque disgrace, éuitons sa fureur.

D. ALVAR.

Vous fuyez, assassins, ce secours vous fait peur.

D. LOPE.

Laissons-les s'échaper, quoy qu'indignes de viure,
Ils ne meritent pas qu'on daigne les poursuiure.

D. ALVAR.

Cependant ie dois tout à ce bras genereux,
Sans vous ma resistance estoit vaine contre eux,
Vous seul par vn secours....

D. LOPE.

Espargnez-moy, de grace,
I'ay fait ce que vous mesme eussiez fait en ma place.

D. ALVAR.

Au moins j'aurois montré que ie sçay mon deuoir,
Mais enfin où vous puis-ie entretenir ce soir?
Il faut que ie vous quitte, & ma disgrace est telle
Qu'ayant tué d'abord l'autheur de la querelle,
Quoy que sa mort soit juste apres sa lâcheté,
Ie serois criminel si j'estois arresté.

D. LOPE.

Ie ne laisseray pas mon secours inutile,
Ne craignez rien, chez moy ie vous offre vn azile,
Allons, & soyez seur qu'au besoin contre tous
Ie sçauray vous défendre, ou perir auec vous.
Mais sans doute on vous cherche.

D. ALVAR.

O malheur redoutable!

SCENE X.

D. LOPE, D. ALVAR, D. LOVYS, Suitte d'Archers.

D. LOVYS.

VOyez nos soins, D. Lope, à trouuer vn coupable,
Enrique, helas!

D. LOPE.

Et bien?

D. LOVYS.

Vient d'estre assassiné.

D. LOPE.

Enrique !

D. LOVYS.

Et l'assassin par icy détourné,
Tâchant de garantir sa teste par sa fuitte,
Attire sur ses pas nostre juste poursuitte,
On l'a veu reculer les armes à la main.

D. LOPE.

Par vostre diligence empeschez son dessein,
Ie vay pouruoir au reste.

SCENE XI.

D. LOPE, D. ALVAR.

D. ALVAR.

Et vous deuant la vie,
Ce n'estoit pas assez ....

D. LOPE.

Brisons là, ie vous prie.
Sçauez-vous qui ie suis ?

D. ALVAR.

C'estoit pour le sçauoir
Que ie vous demandois à vous parler ce soir.

D. LOPE.

Sçauez-vous contre qui ie viens de vous defendre ?

D. ALVAR.

Non.

D. LOPE.

Sçauez-vous quel sang vous auez sçeu répandre?

D. ALVAR.

Aussi peu, seulement vous répondray-je bien
Que mon cœur sur ce point ne se reproche rien,
Mais ne me cachez plus vn secret qui m'importe.

D. LOPE.

D. Lope de Guzman est le nom que ie porte.

D. ALVAR.

Ie cognoy ce grand nom, & le malheur m'est doux
Par qui ie tiens le iour d'vn homme tel que vous.

D. LOPE.

Gardez bien-tost de prendre vn sentiment contraire.

D. ALVAR.

Pourquoy?

D. LOPE.

Si ie vous dis que le mort est mon frere?

D. ALVAR.

Vostre frere!

D. LOPE.

Ouy, mon frere, & vous pouuez juger
Si ie puis vous deffendre ayant à le vanger.

D. ALVAR.

Mais vous m'auez promis...

D. LOPE.

La promesse est friuole,
Iamais contre soy-mesme on ne donne parole.

D. ALVAR.

Que pretendez-vous donc?

D. LOPE.

Monstrer par vostre mort
Que le deuoir du sang est toûjours le plus fort.

D. ALVAR.

Et bien, me voicy prest à vous rendre vne vie....

D. LOPE.

Non, ie sçay mieux à quoy la gloire me conuie,

Et ce n'eſt pas icy qu'au milieu du ſecours
I'aſpire ſans peril à terminer vos iours.
Adieu, retirez-vous, j'ay peur qu'on vous arreſte,
Allez en ſeureté chercher vne retraite,
I'ay ſoin de voſtre vie & l'oſe conſeruer,
Mais ſçachez qu'en effet c'eſt me la reſeruer,
Et qu'il n'eſt point de lieu, quoy que vous puiſſiez faire,
Où ſur vous mon deuoir n'aille vanger vn frére.

D. ALVAR.

Croyez-vous que ſon ſang qu'a répandu ma main
Soit l'effet criminel d'vn injuſte deſſein?

D. LOPE.

Par ſoy-meſme vn grand cœur juge toûjours d'vn autre,
Mais c'eſt le ſang d'vn frere & ie luy dois le voſtre.

D. ALVAR.

Me ſoupçonneriez-vous le courage aſſez bas
Pour n'oſer en tous lieux affronter le trépas?

D. LOPE.

Ie vous ay veu combattre, & j'aduoüeray ſans feindre
Que ie ne puis auoir d'ennemy plus à craindre.

D. ALVAR.

Donc ſans plus balancer c'eſt icy que ie doy
Me mõſtrer tel pour vous que vous eſtes pour moy.

D. LOPE.

Que penſez-vous reſoudre, & quelle eſt voſtre enuie?

D. ALVAR.

De fuir vn ennemy qui m'a ſauué la vie,
Et faire voir qu'au moins, ſi le Ciel l'euſt permis,
Nous n'étions pas peut-eſtre indignes d'eſtre amis.

D. LOPE.

C'eſt ce qui ne ſe peut apres la mort d'vn frere.

D. ALVAR.

Auſſi l'éloignement eſt pour moy neceſſaire.

D. LOPE.

Quoy, vous pourriez me fuir ?

D. ALVAR.

Ie fuis auec éclat,
Quand j'éuite en fuyant le peril d'eſtre ingrat.

D. LOPE.

Vous me verrez pouſſer ma vangeance à l'extrême,
Ie vous ſuiuray par tout.

D. ALVAR.

Ie vous fuiray de meſme.

D. LOPE.

Ie ſçauray vous chercher.

D. ALVAR.

Et moy vous éuiter.

D. LOPE.

Quoy, ie ne tâche icy que de vous irriter,
Et ie ne puis enfin forcer voſtre cholere
D'accepter vn combat qui me doit ſatisfaire ?

D. ALVAR.

C'eſt que ſongeant à fuir ſi vous me pourſuiuez,
Ie fay ce que ie doy, vous, ce que vous deuez.

D. LOPE.

Contentez ce deuoir qui preſſe ma vangeance.

D. ALVAR.

Il vous porte à combattre, & le mien m'en diſpenſe.

D. LOPE.

Vous m'auez offencé, ie dois vous en punir.

D. ALVAR.

Vous m'auez obligé, ie dois m'en ſouuenir.

D. LOPE.

Nous nous verrons pourtant.

D. ALVAR.

Iamais.

D. LOPE.

Et ma pourſuitte ?

D. ALVAR.

Ne m'en mettray-je pas à couuert par la fuitte ?

D. LOPE.

Peut-eſtre, mais enfin ſi nous nous rencontrons
Il faudra lors combattre.

D. ALVAR.

Et bien nous combattrons.

Fin du troiſiéme Acte.

ACTE IV.

SCENE PREMIERE.

ALONSE, D. LOPE.

ALONSE.

IE l'auois bien préueu, que tant de violence
Pourroit enfin du Ciel lasser la patience,
Et qu'à suiure toûjours son seul emportement,
Enrique par ses mains creusoit son monumẽt.
Toutefois il respire, & son reste de vie
Rend de quelque douceur sa disgrace suiuie,
Puisqu'il nous laisse lieu d'esperer qu'au besoin
Luy-mesme contre luy seruira de témoin.

D. LOPE.

Ah, sans me déguiser ce qu'on ne me peut taire,
Dites qu'on doit rougir d'auoüer vn tel frere,
Et que sa lâcheté dans ce dernier combat
N'a fait aux yeux de tous qu'vn trop honteux éclat.

ALONSE.

Il est vray qu'on le blâme, & qu'vn noble courage
Du nombre contre vn seul dédaigne l'auantage,
Cependant chacun sçait pour ménager ses iours
Qu'il a pû s'abaisser à souffrir du secours.
C'est au milieu de trois qui luy prestoient main for-(te
Que ce jeune incognu l'a blessé de la sorte,

Il eſt tombé mourant, & de ſa fauſſe mort
Tout le peuple amaſſé me faiſoit le rapport,
Quand luy voyant encor quelques ſignes de vie
A ne le point quitter l'amitié me conuie,
On arreſte ſon ſang, il reuient lors à ſoy,
Eſtant déja tout proche on le porte chez moy,
Où vous meſme auez veu dans l'ennuy qui l'accable
Que de tout ſon malheur il ſe tient ſeul coupable.

D. LOPE.

Helas! & plûſt au Ciel qu'en déplorant le ſien
Ie n'euſſe pas ſujet de l'accuſer du mien,
Car enfin dans la loy que la fille m'impoſe,
La promeſſe du pere eſt pour moy peu de choſe,
Et ie n'ay plus ſans doute à ſonger qu'à mourir,
Puiſque voſtre amitié n'a pû me ſecourir.

ALONSE.

I'auois crû juſqu'icy qu'il eſtoit impoſſible
Qu'auec tant de vertu l'amour fuſt compatible,
Et vous ſçachant aimé j'apprehendois fort peu
Que Iacinte nous pûſt refuſer ſon adueu.
Mais s'il faut que ma crainte auec vous s'éclairciſſe,
D. Sanche m'eſt ſuſpect luy-meſme d'artifice,
Ie l'ay reueu tantoſt, & cognu malgré luy
Que l'accord accepté redouble ſon ennuy.
Luy parlant de vous voir, il n'a pû ſi bien faire
Qu'vn mouuement d'aigreur n'ait trahy ſa cholere,
Elle a paru couuerte & m'a trop fait juger
Que rien n'éteint en luy l'ardeur de ſe vanger.

D. LOPE.

Qu'il ſe vange ; auſſi bien, quoy que j'oſe entreprendre,
Apres ce que ie ſçay ie n'ay rien à pretendre,
Pour paroiſtre innocent mon effort ſeroit vain ;
Si c'eſt le meſme ſang, qu'importe quelle main ?

C'eſt ce malheur du ſang dont ie ſuis reſponſable,
Qui me rendra toûjours également coupable,
Puiſqu'ayant à combatre vn deſtin rigoureux,
C'eſt eſtre criminel que d'eſtre malheureux.

ALONSE.

La vertu de la fille à nos deſſeins contraire,
Semble auoir commencé la vangeance du pere,
Et ce trouble confus qu'il m'a fait remarquer,
Me fait craindre pour vous à l'oſer expliquer;
Mais le meilleur remede en ce malheur extrême,
C'eſt de porter Enrique à s'accuſer luy-meſme,
A demander D. Sanche, & ne luy point cacher
Ce que ie ſçay déja qu'il s'oſe reprocher.
Pour peu qu'on ſoit ſenſible, il n'eſt rien qu'on refu-(ſe
Au triſte repentir d'vn mourant qui s'accuſe,
Et quoy qu'ait reſolu ce vieillard outragé,
Par le malheur d'Enrique il ſe tiendra vangé,
Il croira que le Ciel, à ſes vœux fauorable,
Aura pris ſoin pour luy de punir vn coupable,
Et j'oſe m'aſſeurer du ſuccez de vos feux
Quand cet hymen pour luy n'aura rien de honteux.

D. LOPE.

Qu'Enrique obtint ſur luy cette haute victoire?

ALONSE.

Il l'obtiendra ſans doute, & j'ay lieu de le croire,
Puiſqu'au nom de Fernand par hazard prononcé,
Si Caſſandre ſe plaint de ſon hymen forcé,
(M'a-t'il dit d'vne voix & languide & mourante,)
Ie ne l'oblige à rien, qu'elle viue contente.

D. LOPE.

Ah, ſi ſon repentir s'étendoit juſqu'à moy.

ALONSE.

Vous en verrez l'effet tel que ie le préuoy.
Adieu, pour vous ſeruir ie vay mettre en vſage
Tout ce qui peut abattre vn orgueilleux courage.

D. LOPE.

Cependant dans l'espoir de quelque mot d'aduis,
Ie vay resver vne heure autour de ce logis,
Si ie suis apperceu, Blanche pourra paroistre.

ALONSE.

Et si quelqu'autre aussi vous alloit recognoistre,
Et que la force en main le vieillard aduerty,
Malgré tout nostre accord vous fist mauuais party ?

D. LOPE.

Vous parlez d'vn peril que mon amour méprise.

ALONSE.

Ce n'est pas sans sujet que j'en crains la surprise.
Voyez, la Lune brille auec tant de clarté,
Que la nuit n'eut iamais si peu d'obscurité.
Ne vous exposez point si vous m'en voulez croire.

D. LOPE.

I'auray soin de ma vie, ayez soin de ma gloire,
Et puis qu'vn fier destin s'oppose à mon bon-heur,
Par l'adueu du coupable asseurez mon honneur.

seul.

Enfin, Fortune, enfin quoy que ta rage ordonne,
Mon cœur à ton caprice aujourd'huy s'abandonne,
Et de son desespoir il tire au moins ce bien,
Qu'il se trouue en estat de ne craindre plus rien.
Mais si dans sa clarté la Lune m'est fidelle,
Ie voy cet incognû contre qui j'ay querelle,
C'est luy-mesme, parlons, puisqu'il s'ose approcher.

SCENE II.

D. LOPE, D. ALVAR.

D. LOPE.

ME recognoiſſez-vous?

D. ALVAR.

Ie vous allois chercher,
Et quelque rigoureux que mon deſtin ſe montre,
Ie luy ſuis obligé d'vne telle rencontre.

D. LOPE.

Quoy, croyez-vous ainſi pouuoir impunément
Brauer & ma colere & mon reſſentiment?
Il ne vous ſouuient plus que l'honneur vous conuie
De fuir vn ennemy dont vous tenez la vie?

D. ALVAR.

Cette obligation eſt dans mon ſouuuenir,
I'en ay donné parole, & ſçauray la tenir.

D. LOPE.

Me chercher n'en eſt pas vne preuue trop forte.

D. ALVAR.

C'eſt pour mieux l'obſeruer que j'agis de la ſorte.

D. LOPE.

Mais vous n'ignorez pas qu'vn deuoir aſſez fort
M'oblige ſans reſerue à vouloir voſtre mort?

D. ALVAR.

Ie cognoy ce deuoir, mais qu'ay-ie lieu d'en craindre
Quand ie viens le ſuſpendre & non pas le contraindre,
Et qu'à voſtre couroux j'épargne en ce projet
La honte d'éclater contre vn indigne objet?

D. LOPE.

Ce discours est obscur.

D. ALVAR.

Pour vous le faire entendre
Oyez par vn billet ce que ie viens d'apprendre.
Vn injuste ennemy par vn noir attentat,
Enuieux de ma gloire, en a terny l'éclat,
L'outrage par le sang ne s'efface qu'à peine,
On m'en donne l'aduis, voila ce qui m'améne.

D. LOPE.

Et que pensez-vous faire?

D. ALVAR.

En pouuez-vous douter,
Et dans de tels malheurs a-t'on à consulter?
Ie ne balance point, quelle que soit l'offence,
Tout mon sang indigné m'en demande vangeance,
Mais ce bien le plus grand qu'on puisse conceuoir,
D. Lope, c'est à vous que ie le veux deuoir.
Quoy que mon ennemy, j'ay peu de peine à croire
Que l'appuy de mes iours le sera de ma gloire,
Et le moyen aussi de juger d'vn grand cœur
Qu'il fist tout pour ma vie, & rien pour mon honneur?
I'ose donc vous reuoir sans qu'vn respect friuole
Me fasse apprehender de manquer de parole,
Puisque loin de brauer vostre iuste couroux
I'en recule l'effet moins pour moy que pour vous.
I'ay promis de vous fuir, mais ie veux que ma fuite
D'vn si grand ennemy merite la poursuitte,
Et n'auriez-vous pas lieu si ie fuyois ainsi
De dédaigner vn sang par vn autre noircy?
On m'a fait vn affront, j'ay tué vostre frere,
La vangeance à tous deux aujourd'huy nous est chere,
Mais quoy qu'en ce rencontre elle ait pour vous d'appas,
Si vous la differez, vous ne la perdez pas.

Deuenons donc amis tant que le sang d'vn lâche
De ma gloire obscurcie ait effacé la tache,
Et que par son trépas mon honneur affermy,
Ie puisse meriter d'estre vostre ennemy;
Car enfin j'ay pour vous vne trop pure estime
Pour vouloir abuser d'vn cœur si magnanime,
Ma vangeance est la vostre, & ie n'en suis jaloux
Que pour rendre mon sang moins indigne de vous.

D. LOPE.

Ie ne sçay que répondre, & c'est par mon silence
Que vous laissant juger de tout ce que ie pense,
Ie croy mieux expliquer dans mon sort rigoureux
Ce que peut la vertu sur vn cœur genereux.
Mais où cette vertu me va-t'elle reduire?
Vous sçauez m'obliger quand ie cherche à vous nui-
Et pressé d'vn deuoir que ie n'ose trahir, (re,
Ie voy que vous m'ostez le droit de vous haïr.
Ce deuoir toutefois que presse la Nature
Se trahiroit soy-mesme à souffrir vostre injure,
Il y prend interest, & dans vostre ennemy
Par vn dessein bizarre il vous donne vn amy.
Ie le suis, j'en fais gloire, & d'vn aueugle zele
En tous lieux, contre tous, je prens vostre querelle,
A vanger vostre affront seruez-vous de mon bras,
Vn amy tel que moy ne vous manquera pas;
Mais cet affront vangé, mon cœur quoy qu'auec peine
Dépoüille l'amitié pour reprendre la haine,
Et l'interest d'vn frere est vn respect trop fort,
Pour oser voir en vous que l'autheur de sa mort.

D. ALVAR.

Au moins dans cet instant, que l'amitié receuë
Tient pour moy dans ce cœur la haine suspenduë,
Souffrez qu'impatient de m'acquiter vers vous,
D'vn amy si parfait j'embrasse les genoux.

Rendrois-ie vn moindre hommage à qui ie dois la vie?
Mais on veut vous parler, ou bien l'on nous épie.

SCENE III.

D. LOPE, D. ALVAR, BLANCHE.

D. LOPE.

AH! Blanche.

BLANCHE.

Qu'à propos ie vous ay recognû!
L'on m'enuoyoit vers vous.

D. LOPE.

Quoy, qu'est-il suruenu?

BLANCHE.

Venez, on vous attend.

D. LOPE.

Moy, Blanche?

BLANCHE.

Ouy, ma maistresse
Veut resoudre auec vous vne affaire qui presse.

D. LOPE.

Que ie crains....

BLANCHE.

Craignez tout d'vn couroux déguisé.

D. LOPE.

Sans doute le vieillard n'est point desabusé,
C'est ce qu'on veut m'apprendre?

BLANCHE.

Il est vray qu'il s'emporte

D. LOPE.
C'est assez, ie te suy, va m'attendre à la porte.

SCENE IV.

D. LOPE, D. ALVAR.

D. LOPE.
VOyez que l'amitié se croit beaucoup permis.
D. ALVAR.
Souffre-t'on la contrainte entre les vrais amis,
Vous m'auez obligé, mais quel est ce message?
D'autre que d'vne fille il m'auroit fait ombrage,
Vous estes tout resveur.
D. LOPE.
Peut-estre en ay-je lieu,
Mais enfin il est temps que ie vous die adieu.
D. ALVAR.
Quoy, sans me découurir ce qui vous inquiéte?
D. Lope, c'est donc là cette amitié parfaite,
Ie me découure à vous, vous vous cachez de moy.
D. LOPE.
Auec peu de raison vous soupçonnez ma foy,
Et s'il faut éclaircir le sujet de ma peine
I'ay receu rendez-vous, & c'est ce qui me gesne.
D. ALVAR.
La faueur vous déplaist?
D. LOPE.
I'aime & ie suis aimé,
Mais vn pere fâcheux tient mon cœur alarmé,
Et contre mon espoir cette faueur offerte
Est moins faueur pour moy que l'arrest de ma perte:

Il me hait, & la fille attendant son aueu
D'vne vertu si fiere accompagne son feu,
Que ie n'en dois préuoir qu'vne atteinte mortelle
Puisqu'elle se dispense à m'appeller chez elle.
Ainsi de ce vieillard redoutant le couroux
I'accepte auec chagrin vn pareil rendez-vous,
Non, parce qu'au malheur dont ma flame est suiuie,
Si ie suis découuert, il y va de ma vie,
Mais parce que surpris dedans son entretien
Tout mon sang exposé n'asseure pas le sien,
Mais ie vous quitte enfin, c'est trop la faire attendre.

D. ALVAR.

Ie vous escorteray.

D. LOPE.

Vous ?

D. ALVAR.

Quoy, vous en deffendre!
Craignez-vous que ce bras ne vous manque au besoin ?

D. LOPE.

Vn amour si secret fuit vn nouueau témoin,
Et ie dois ce respect à l'objet de ma flame,
De....

D. ALVAR.

Vous abandonner c'est me couurir de blâme,
Et mon cœur est pour vous injuste au dernier point
S'il vous souffre vn peril qu'il ne partage point.
Non non, ie vous suiuray.

D. LOPE.

Vous ne prenez pas garde
A ce qu'en ce projet vostre amitié hazarde,
Et que dans ma disgrace oser vous engager,
C'est vous mettre en estat de ne vous point vanger,
Que deuient cette ardeur d'effacer vostre injure ?

D. ALVAR.

Sur l'occasion seule vn grand cœur se mesure.
Allons, nous perdons temps.

D. LOPE.

Mais....

D. ALVAR.

C'est trop contester,
Sçachant ce que ie sçay ie ne puis vous quitter.
Sur tout, ie suis discret.

D. LOPE.

Ie n'ay plus rien à dire,
Mais ie vous deuray trop, & mon cœur en soûpire,
Puisqu'apres cet accord que l'honneur rend permis,
Ce mesme honneur nous force à cesser d'estre amis.

D. ALVAR.

Ne songeons maintenant qu'à ce qui vous importe.

D. LOPE.

Nous n'irons pas bien loin, voyez d'icy la porte,
I'y dois estre attendu.

SCENE V.

D. LOPE, D. ALVAR, BLANCHE.

D. LOPE.

Blanche.

BLANCHE.

Entrez & sans bruit,
De peur que... mais que vois-je?

D. LOPE.

Vn amy qui me suit,

Ne crains rien, ſa vertu dans mon ſort l'intereſſe.

BLANCHE.

Vous me perdez, Monſieur, que dira ma maiſtreſſe ?

D. LOPE.

Va, ie t'excuſeray, n'en ſois point en ſoucy.
Amy, j'en vſe mal de vous laiſſer icy,
Seul, de nuit, ſans clarté, mais ....

D. ALVAR.

Cette excuſe eſt vaine,
Vn deſir curieux n'eſt pas ce qui m'améne,
Ie vous attends, allez, & ne m'oubliez pas
Si vous auez beſoin du ſecours de mon bras.

BLANCHE.

La chambre où ie vous mene ayant double ſortie,
Contre toute ſurpriſe aſſeure la partie,
D'ailleurs l'appartement eſt aſſez reculé.

D. ALVAR *seul.*

De quel ſort plus étrange a-t'on jamais parlé ?
Quand vn pere offencé dont j'ignore l'outrage,
Au ſoûtien de ſa gloire appelle mon courage,
Pour ne me pas monſtrer genereux à demy
Il faut que ie m'engage auec mon ennemy,
Et dans cet ennemy que mon malheur me laiſſe
Ie trouue à reſpecter le ſang d'vne Maiſtreſſe.
O haine, amour, vangeance, ô doux & puiſſans nœuds,
Qui déchirez mon ame & confondez mes vœux,
Finiſſez vn combat qui me rend trop à plaindre,
Ou cachez-moy les maux que vous me faites craindre.
Mais j'ois marcher quelqu'vn, ne ſçachant où ie ſuis,
Songer à la deffence eſt tout ce que ie puis,
Ne nous découurons point ſi l'on ne nous découure.
Mais Dieu ! n'entens-ie pas vne porte qui s'ouure?

La lumiere paroiſt, enfin tout eſt perdu,
Que feray-je ?

SCENE VI.

D. SANCHE, D. ALVAR.

D. SANCHE.

VN bruit ſourd vers la porte entendu,
Dans l'attente d'vn fils à mes ſouhaits ſi chere . . .
Mais ne le vois-je pas ? Ah, mon fils.

D. ALVAR.

Ah, mon pere,

D. SANCHE.

Ie puis donc te reuoir ?

D. ALVAR.

C'eſt donc vous que ie voy ?

D. SANCHE.

Ah, qu'auecque raiſon tu doutes ſi c'eſt moy !
Dans l'affront que ie pleure & qui me deſeſpere,
Tu peux, tu peux, mon fils, mécognoiſtre ton pere.
La rougeur de mon front t'empeſche d'y trouuer
Ces traits que la Nature y ſçeut jadis grauer,
Tu les cherches en vain, mais ſeur de ma vangeance,
Si ie dois aujourd'huy t'expliquer mon offence,
I'ay l'auantage au moins qu'en ton reſſentiment
Tu n'auras de ma honte à rougir qu'vn moment.

D. ALVAR.

Ce moment eſt trop long, haſtez vous de m'apprendre
Quel ſang pour l'effacer il faut aller répandre.

D. SANCHE.

Te diray-je, mon fils, que l'affront est si bas,
Qu'il seroit trop vangé, s'il l'estoit par ton bras?
Pour vn lâche ennemy capable de surprise
La generosité n'est pas mesme permise,
Ne t'inquiéte point de mon honneur perdu,
S'il luy faut vne vie, on m'en a répondu,
Il perira, le traistre.

D. ALVAR.

Ah, que voulez-vous faire?

D. SANCHE.

Te remettre en estat de m'aduoüer pour pere.

D. ALVAR.

Me reserueriez-vous à cette lâcheté
De souffrir . . .

D. SANCHE.

Il aura ce qu'il a merité,
Où l'offence est indigne & basse & lâche & noire,
Tout ce qui la repare est toûjours plein de gloire,
Fer, poison, tout est beau, quand il n'est point douteux,
Et pourueu qu'on se vange il n'est rien de honteux.

D. ALVAR.

Expliquez-vous enfin, & sçachons cette offence.

D. SANCHE.

Elle est . . . Ah, tout mon sang en fremit quand j'y pense,
Il se trouble, il s'indigne au nom de l'offenceur,
Si tu le veux sçauoir, apprens-le de ta sœur.

D. ALVAR.

Où courez vous, mon pere?

D. SANCHE.

Il faut que ie l'appelle.

D. ALVAR.

Pensez vous . . . .

D. SANCHE.

D. SANCHE.

Ouy, mon fils, tu ſçauras mieux tout d'elle.

D. ALVAR.

Peut-eſtre... D. SANCHE.

Ie l'améne icy dans vn moment.

D. ALVAR *ſeul*.

Puis-ie encor me cognoiſtre en cet éuenement ?
D. Lope aime ma ſœur, & moy-meſme à ma honte
I'aſſeure vn rendez vous au feu qui le ſurmonte.
Ah, ſuiuons... mais helas! ne précipitons rien,
S'il offenſe mon ſang, j'ay répandu le ſien,
Et lors qu'auecque luy ma parole m'engage,
Conſentir à ſa perte eſt manquer de courage;
Et puis, ſi ce point ſeul nous rendoit ennemis,
Que luy puis-ie imputer que ie n'ay point commis?
Il brûle pour Iacinte, & j'adore Caſſandre.
Mais qu'il tarde à venir! l'auroit-on pû ſurprendre?
Si j'ay bien entendu d'vn & d'autre coſté,
Vne porte au beſoin le met en ſeureté.
Puiſqu'il peut s'échaper, quel obſtacle l'arreſte?

SCENE VII.

D. LOPE, D. ALVAR, BLANCHE.

D. LOPE.

AMy, noſtre vieillard m'oblige à la retraite,
Sortons, & vous ſçaurez...

D. ALVAR.

Amy, ie le cognoy,
Ie viens de luy parler, ne craignez rien pour moy.

D. LOPE.

Vous?

D. ALVAR.

M'en voyant surpris, j'ay feint sur quelque affaire
Qu'vne lettre de luy m'étoit fort necessaire,
Il est allé l'écrire, & dans cet embarras
Ie me rendrois suspect à ne l'attendre pas.

D. LOPE.

Mais...?

BLANCHE.

Ie l'entens déja, le rendez vous funeste:
Sortez viste.

D. ALVAR.

Demain ie vous diray le reste.

SCENE VIII.

D. SANCHE, D. ALVAR, IACINTE, BLANCHE.

IACINTE.

QVoy, sans sçauoir pourquoy ie dois tant me haster?

D. SANCHE.

En croiras-tu tes yeux? tu les peux consulter,
Recognois-tu ce fils que le Ciel me renuoye?

IACINTE.

Iuste Ciel, se peut-il qu'enfin ie le reuoye?
Ah, mon frere, est-ce vous?

D. ALVAR.

Mon déplaisir, ma sœur,
Me laisse de ce nom mal goûter la douceur.

Quand vn pere offensé... *Blanche reuient.*

D. SANCHE.

Dy-luy, dy-luy, ma fille,
Cet affront si honteux à toute ma famille,
Et si dans mes ennuis tu veux me soulager,
Nomme-luy l'ennemy dont ie dois me vanger.
Quand l'outrage est mortel, qu'il va jusqu'à l'extrême,
C'est s'en faire vn nouueau que l'expliquer soy-mesme.
Par ces tristes soûpirs l'vn par l'autre pressez,
Espargne cette honte à qui rougit assez.
Tu te tais; ouy ma fille, à conter mon injure
Ton sang pourroit du mien contracter la soüillûre,
Il est encor sans tache, & ton pere affronté
N'en corrompt pas si-tost toute la pureté.
Défens-toy, j'y consens, d'vn recit qui t'outrage,
Si ton refus me gêne, il montre ton courage,
Tu ne peux t'abaisser à parler d'vn affront
Dont par moy l'infamie éclate sur ton front,
Mais s'il faut que moy-mesme enfin ie le declare,
Mon fils, souffre vn moment que mon cœur s'y prépare.

BLANCHE.

Son fils, Madame?

IACINTE.

Ouy, Blanche.

BLANCHE.

O Dieu, que ferons nous!
Il escortoit D. Lope, il sçait le rendez vous.

IACINTE.

Que dis-tu? c'estoit luy qui luy seruoit d'escorte?

BLANCHE.

Luy mesme.

D. ALVAR.

Enfin ie cede au soupçon qui m'emporte,
Parlez, ou ie croiray...

D. SANCHE.

Croy tout ce que tu peux,
L'affront dont ie rougis est encor plus honteux.
Cognois-tu les Guzmans?

D. ALVAR.

Ouy, ce nom est illustre.

D. SANCHE.

L'vn d'eux par mon offence en a terny le lustre,
D. Lope... enfin c'est fait, j'ay nõmé l'offenseur.

D. ALVAR.

Quoy, D. Lope...

D. SANCHE.

Ah! mon fils, épargne vn peu ta sœur.
Voy comme trop sensible à l'outrage d'vn pere,
Le nom d'vn ennemy l'enflame de colere.
Voy de quels mouuemens son cœur est combatu,
Et plaignant ma disgrace, admire sa vertu.

D. ALVAR.

I'en suis surpris sans doute encor plus que vous n'é-
D. Lope... (tes.

D. SANCHE.

Voy son trouble au nom que tu repetes,
Et juge à ces effets de haine & de couroux
Si j'ay dû consentir d'en faire son époux,
On me l'a fait promettre, & j'ay feint...

IACINTE.

Ah! mon pere.

D. SANCHE.

Non, quand ce seul moyen me pourroit satisfaire,
Ne croy pas, quelque éclat que mon malheur ait eu,
Que j'abuse jamais de ton trop de vertu.
Ie sçay que tu le hais, ie sçay que la vangeance
T'ayant mis dans le cœur toute sa violence,
Tu souffrirois bien plus à luy donner la main,
Qu'à luy plõger toy-mesme vn poignard dãs le sein.

A ces grands mouuemens abandonne ton ame,
Donne-toy toute entiere à l'ardeur qui l'enflame,
Et s'il faut...

D. ALVAR.

Cet aduis ne nous rend pas l'honneur,
Mon pere, & vous gênez la vertu de ma sœur.

D. SANCHE.

Ah! si tu cognoissois quel noble sacrifice...

D. ALVAR.

Elle sçait de nous deux qui luy rend mieux justice.

IACINTE.

L'apparence, mon frere, est trop à soupçonner...

D. ALVAR.

Il n'est pas temps, ma sœur, de rien examiner.

D. SANCHE.

Ouy, c'est trop en effet luy dérober la joye
Que luy permet le Ciel au bonheur qu'il m'enuoye,
Estouffe ce chagrin où ton cœur s'est plongé,
Encor vn peu, ma fille, & ton pere est vangé.

IACINTE.

Vous, mon pere, & de qui?

D. SANCHE.

De cet ennemy mesme
Dont pour toy le seul nom est vn supplice extrême.
Croy-le déja sans vie, & par vn doux transport
Tâche de t'aduancer le plaisir de sa mort.
Peins-le-toy tout sanglant, blesseure sur blesseure
Par son dernier soûpir expier nostre injure,
Repais de cette image....

D. ALVAR.

Elle a beaucoup d'appas,
Mais il perit en vain s'il ne vous vange pas.

D. SANCHE.

S'il ne me vange pas? apprens, apprens l'offence,
Et sçache que luy mesme a reglé ma vangeance,

Si ie ne la veux perdre, il le faut imiter.
Par des gens apostez il m'a fait affronter,
Et lors que pour ma gloire il doit cesser de viure,
Son exemple est pour moy le seul exemple à suiure.
I'ay préparé le piege, & c'est dans cette nuit
Que des Braues...

D. ALVAR.

O Ciel, où me vois-ie reduit!
Et ie m'arreste encor, c'est trop.

D. SANCHE.

Que vas-tu faire?

D. ALVAR.

Défendre vn ennemy pour mieux vanger vn pere.

D. SANCHE.

Quoy? tu peux condamner...

D. ALVAR.

Vous m'arrestez en vain,
Son sang est mal versé si ce n'est par ma main.

Il sort.

D. SANCHE.

O l'indigne scrupule où son cœur s'abandonne!

IACINTE.

Helas!

D. SANCHE.

Ainsi que moy sa foiblesse t'étonne,
Mais quoy qu'il ose enfin, cesse d'en soûpirer,
La partie est bien faite, & tu peux esperer.

IACINTE.

Dans vn pareil malheur que veut-on que j'espere?

D. SANCHE.

Que peut-estre déja l'on a vangé ton pere.
Vien, suy-moy, quelques maux que ie puisse préuoir,
Mon plus grand déplaisir se console à te voir.

Fin du quatriéme Acte.

ACTE V.

SCENE PREMIERE.

D. LOPE, CASSANDRE.

D. LOPE.

C'Estoit pour m'en donner la funeste nouuelle
Que Iacinte hier au soir m'osa mander chez elle,
Il n'en faut point douter; son trouble à mon abord,
Ce discours preparé des caprices du Sort,
Ces sermens exigez d'obeïr sans murmure,
Estoient de ma disgrace vne marque trop seure,
Et quoy que du vieillard presque aussi-tost surpris,
I'eusse dû la quitter sans auoir rien appris,
Au desordre confus qu'elle me fit paroistre
Deuinant aisément ce qui le faisoit naistre,
I'eusse pû me soustraire à ce noir attentat
Si pour préuoir l'orage on en fuyoit l'éclat.
Mais de tant d'assassins la troupe découuerte,
Prest de rentrer chez moy marquoit déja ma perte,
Et ie ne combattois, asseuré de perir,
Que pour vanger ma mort auant que de mourir,

Quand vne voix de loin à ce bruit de nos armes
Me rempliſſant d'eſpoir & nos traiſtres d'alarmes,
Prens courage, D. Lope, à moy lâches, à moy,
Nous dit-on, & ces mots redoublent leur effroy.
Me voyant ſecondé, la victoire en balance,
Ces braues attaquans demeurent ſans deffence,
Et leur fuitte auſſi-toſt dans ce manque de cœur
Me laiſſe rendre grace à mon liberateur.

CASSANDRE.

Certes, ie tremble encor à vous oüir redire
Auec quelle fureur contre vous on conſpire;
Croyant vous auancer, Alonſe vous a nuy,
Et ſa feinte à vos feux preſte vn mauuais appuy.

D. LOPE.

C'eſt ainſi que le Sort par vn dernier outrage,
Dans vn calme apparent me fait faire naufrage,
Et trompant d'vn amy le zele officieux
N'éleue mon eſpoir que pour l'abattre mieux.

CASSANDRE.

C'eſt le dernier des biens dont ſa rigueur nous pri-(ue.

D. LOPE.

Vous en jugez, ma ſœur, par ce qui vous arriue,
Et d'vn fâcheux hymen qui faiſoit voſtre mort,
Enrique auec Fernand ayant rompu l'accord,
D'vn ſi prompt changement le reuers fauorable
Vous en fait pour ma flame eſperer vn ſemblable.
Mais qu'en vain juſques-là ie voudrois me flatter!
D. Sanche veut ma mort, ie ne puis l'euiter,
Et quoy qu'on faſſe enfin, ie n'ay point à pretendre
Qu'apres l'auoir jurée il m'accepte pour gendre.

CASSANDRE.

Mais il vous croit coupable.

D. LOPE.

Il le croira toûjours.

CASSANDRE.

La verité cognuë eſt vn puiſſant ſecours,
Vous n'eſtes criminel que pour la vouloir taire.

D. LOPE.

Chercher mon innocence en accuſant vn frere,
Vn frere, dont l'eſtat trop digne de pitié,
Me feroit ſoupçonner d'vn ſecours mandié !
D'vn ſi lâche deſſein ie me ſens incapable,
Et puiſque ſon adueu ne le rend point coupable,
Qu'à s'accuſer ſoy-meſme il n'a pû conſentir,
Ie ne publieray point ce qu'il peut démentir.

CASSANDRE.

Eſperez tout d'Alonſe, il l'obſerue ſans ceſſe,
Et dans la juſte ardeur qui pour vous l'intereſſe,
Sans doute il tentera cent moyens ſuperflus,
Ou trouuera celuy de vaincre ſes refus.
S'il a pû l'obliger touchant mon hymenée
A reprendre pour moy la parole donnée....

D. LOPE.

Ah, le foible motif pour pretendre à mon tour,
Qu'auec meſme ſuccez il ſerue mon amour !
Que dans vos intereſts Enrique ait pû le croire,
Cet effort ne va point juſqu'à trahir ſa gloire,
Dégageant vne ſœur il oblige vn amy,
Mais s'aduoüer coupable à ſon propre ennemy,
S'expoſer à rougir du plus honteux reproche
Que....

CASSANDRE.

Vous ne voyez pas Iacinte qui s'approche.

SCENE II.

D. LOPE, IACINTE, CASSANDRE.

D. LOPE.

APres le dur reuers qui détruit mon espoir,
Pouuois-je encor pretendre au bonheur de vous voir,
Madame? vos bontez par vn effort insigne
Semblent croistre pour moy plus on m'en croit indigne,
Et j'aimeray le sort le plus injurieux,
Puisqu'il peut m'acquerir vn bien si precieux.

IACINTE.

Ie hazarde beaucoup, mais ie n'ay pû moins faire
Pour me iustifier du procedé d'vn pere
Qui se consultant seul, seduit par son erreur,
N'écoute contre vous qu'vne aueugle fureur,
Mais le Ciel qui toûjours veille pour l'innocence,
Pour la faire auorter prit hier vostre défence,
Et monstre sa justice à qui sçait par quel bras
Il sçeut vous garantir d'vn attentat si bas.

D. LOPE.

Ie sçay qu'aucun jamais ne luy fut redeuable
D'vn secours ny plus prompt ny plus considerable,
Mais si j'en tiens le iour qu'on me vouloit rauir,
I'ignore de quel bras il daigna s'y seruir.
Ce vaillant incognu, quelque effort que ie fisse,
Me refusa son nom apres ce grand seruice,
Et ce n'est qu'aujourd'huy que ie le dois sçauoir.

IACINTE.

Pouuez vous l'ignorer si vous le pûstes voir?
La nuict n'estoit pas sombre.

D. LOPE.

Elle estoit assez claire
Pour voir ce mesme amy qui trompa vostre pere,
Qui m'escortant chez vous n'en sortit qu'apres moy,
Mais son visage seul est ce que j'en cognoy.

IACINTE.

Et bien, quel qu'il puisse estre obtiendray-je vne grace?

D. LOPE.

Madame....

IACINTE.

A l'expliquer mon esprit s'embarasse,
Mais c'est ce qui m'améne, & ce fut hier au soir
Ce qui me fit encor souhaitter de vous voir.

D. LOPE.

Parlez, & puisqu'enfin il s'agit de vous plaire,
Fallut-il me soûmettre à la fureur d'vn pere,
Et perdre...

IACINTE.

Ah, jugez mieux d'vn cœur qui tout à vous
Deteste les effets d'vn injuste couroux.
Vous voir recognoissant est toute mon enuie,
Vn incognu pour vous a prodigué sa vie,
Et ce qu'à vostre amour ie demande aujourd'huy,
C'est que jamais ce bras ne s'arme contre luy.
Me le promettez vous?

D. LOPE.

Ie puis vous le promettre,
Puisque l'honneur enfin semble me le permettre,
Et que sans lâcheté ie ne puis à mon tour
Combattre vn ennemy par qui ie vois le jour.

Mais qui vous peut si-tost auoir dit la nouuelle
D'vne si surprenante & secrette querelle,
Et qu'vn frere mourant pour vanger son trépas
Contre cet incognu sollicite mon bras?

IACINTE.

C'est ce que j'ignorois dans le malheur d'Enrique.

D. LOPE.

Pourquoy donc cette alarme & vaine & chimerique,
Et par quel mouuement vous croyez vous permis
De craindre quelque iour de nous voir ennemis?

IACINTE.

Comme l'honneur peut tout & sur l'vn & sur l'autre,
Si vous n'estes le sien il peut estre le vostre,
Et par ce que j'ay sçeu ie préuois à regret.....
Mais ie le voy qui vient vous dire son secret,
Me tiendrez vous parole & puis-ie le pretendre?

D. LOPE.

Doutez-vous de mon cœur?

IACINTE.

Laissons-les seuls, Cassandre,
Et quoy qu'icy pour nous tout soit à redouter,
Sçachons leurs sentimens auant que d'éclatter.

SCENE III.

D. LOPE, D. ALVAR.

D. ALVAR.

IE me rendray suspect sans doute de foiblesse
D'aduoüer qu'à regret ie vous tiens ma promesse,

Et

Et que s'il se pouuoit il me seroit plus doux
De me faire cognoistre à tout autre qu'à vous.

D. LOPE.

Il en est peu pourtant qu'auec plus d'asseurance
Vous pûssiez honorer de cette confidence,
Auant que j'en abuse on me verra perir.

D. ALVAR.

Enfin sommes-nous seuls, puis-je me découurir?
Ie crains d'estre écouté.

D. LOPE.

Parlez sans vous contraindre,
Quel que soit ce secret vous n'auez rien à craindre.

D. ALVAR.

Apres les differens suruenus entre nous,
En quelle qualité me considerez vous?

D. LOPE.

D'amy, pour vn grand cœur ce doute est vn peu rude,
Si mon deuoir m'est cher ie hay l'ingratitude,
Ie l'aduoüeray par tout, sans vous j'estois perdu.

D. ALVAR.

Ce que ie vous deuois, vous l'ay-ie assez rendu?

D. LOPE.

Le Ciel vous est propice autant qu'il m'est contraire,
Ie meditois sur vous la vangeance d'vn frere,
Et de son sang versé ie voy qu'il vous absout.

D. ALVAR.

Suis-je quitte vers vous?

D. LOPE.

C'est moy qui vous dois tout.
Mais de ce procedé mon amitié s'offence,
Est-ce que vous doutez de ma recognoissance?

D. ALVAR.

Non, mais aucun malheur n'approcheroit du mien
Si vous ne m'aduoüiez que ie ne vous dois rien.

D. LOPE.

Qu'a cet adueu de propre à flatter vostre enuie?

D. ALVAR.

Tout, puisqu'il faut qu'enfin j'attaque vostre vie,
Et qu'vn cœur genereux doit estre au desespoir,
Quand le moindre scrupule estonne son deuoir.

D. LOPE.

Tout mon sang malgré moy se trouble à vous en-(tendre,
Qui le défendit hier veut aujourd'huy l'épandre,
Et m'enuiant des iours par luy seul conseruez ....

D. ALVAR.

Vous sçauez encor peu ce que vous me deuez,
Et comme vn tel secret n'a plus riẽ qui m'importe,
Chez qui croyez-vous hier que ie vous fis escorte?

D. LOPE.

Ie n'ay pas oublié si-tost qu'auec le iour
Ie dois à vos bontez l'appuy de mon amour,
Ie craignois pour Iacinte, & vostre grand courage
Voulut ou dissiper ou partager l'orage.

D. ALVAR.

Vous trouuant attaqué quand vous fustes sorty,
Sçauez-vous contre qui ie pris vostre party?

D. LOPE.

Contre des assassins employez par son pere.

D. ALVAR.

C'est ce que ie voudrois qu'ils eussent pû vous taire,
Puisque n'ayant plus lieu de vous déguiser rien
Ie dois vous auoüer que son pere est le mien.

D. LOPE.

Quoy Iacinte...

D. ALVAR.

Est ma sœur, & c'est assez vous dire
Quel deuoir veut par moy que nostre trefve expire.

D. LOPE.

Ouy, c'est me dire assez qu'vne injuste rigueur
Fait vn crime pour moy de l'amour d'vne sœur,

Mais j'atteste le Ciel ennemy du parjure,
Que ie brusle d'vn feu dont l'ardeur est si pure,
Que si.... D. ALVAR.
Vous iugez mal de mon ressentiment
D'en croire cet amour l'vnique fondement.
Ie ne condamne point vne ardeur legitime,
Et comme ie cognoy qu'on peut aimer sans crime,
Iacinte estant ma sœur, j'ay lieu de presumer
Que sans blesser sa gloire elle a pû vous aimer,
Que cet amour n'a rien dont sa vertu rougisse.

D. LOPE.

C'est m'obliger ensemble & luy rendre justice,
Mais si ma passion n'arme point vostre bras,
Quelle offence incognuë expieroit mon trépas?

D. ALVAR.

Ce long déguisement redouble ma colere,
Ne vous ay-je pas dit que D. Sanche est mon pere,
Et par ce seul adueu n'auez-vous pas appris
Que ie dois le vanger puisque ie suis son fils?

D. LOPE.

Son malheur est de ceux dont la surprise accable.

D. ALVAR.

Quoy, ne sçauez-vous pas qu'il vous en croit coupable?

D. LOPE.

Ouy, ie sçay qu'il le croit, mais aussi ie sçay bien,
Quoy qu'il vous en ait dit, que vous n'en croyez riē.
Vostre sang cette nuit exposé pour ma vie
M'a trop iustifié de cette calomnie,
Et sçachant son affront, loin de me secourir,
Qui m'en eust crû l'autheur m'auroit laissé perir.

D. ALVAR.

Ie l'eusse fait sans doute, & j'aurois dû le faire,
Car enfin ie souscris aux sentimens d'vn pere,
Et mettre quelque obstacle à ce qu'il a tenté,
C'est l'accuser d'erreur & non de lâcheté.

Il faut, quoy que d'abord vn grand cœur s'en offence,
Pour le dernier affront la derniere vangeance,
L'assassinat est iuste où l'outrage est sanglant,
Et le meilleur remede est le plus violent.

D. LOPE.

Puisque vostre suffrage en ma faueur s'explique,
Quel crime est donc le mien ?

D. ALVAR.

L'opinion publique.
C'est peu pour negliger vn deuoir si pressant
Que mon cœur en secret vous declare innocent,
A l'erreur du public c'est peu qu'il se refuse,
Vous estes criminel tant que l'on vous accuse,
Et mon honneur blessé sçait trop ce qu'il se doit
Pour ne vous pas punir de ce que l'on en croit.

D. LOPE.

Quoy, sur vn bruit si faux...

D. ALVAR.

Vous m'en deuez répondre,
Auant que vous reuoir i'ay voulu le confondre;
Mais en vain en tous lieux ie me suis informé,
On ne nomme personne, ou vous estes nommé.
I'affoiblis ma vangeance à la voir differée,
Sortons.

D. LOPE.

Et l'amitié que vous m'auiez iurée ?

D. ALVAR.

Tel est de mon honneur l'impitoyable loy,
Loin qu'vn amy l'arreste, il n'a d'yeux que pour soy,
Et dans ses interests toûjours inexorable
Veut le sang le plus cher au defaut du coupable.

D. LOPE.

S'il faut donner le mien, changez au moins l'arrest,
Qu'aimer soit tout mõ crime, & le voicy tout prest:

Ouy, punissez en moy ce respect temeraire
Qui poussé par l'amour osa paroistre & plaire,
Et donnant sans regret ce qu'il faut m'arracher. . . .

D. ALVAR.

Ah, que ie punirois vn crime qui m'est cher!
Vous l'auoüeray-ie enfin? j'aime, helas! & nos ames
Auec mesme secret brûlent des mesmes flames,
Mesme objet asseruit & l'vn & l'autre cœur,
Si vous aimez ma sœur, j'adore vostre sœur. . . .

SCENE IV.

D. LOPE, D. ALVAR, CASSANDRE.

CASSANDRE.

ET bien, cruel amant, découure mes foiblesses,
Ie viens les auoüer puisque tu les confesses,
Mais ie demande aussi que de iustes effets
Montrent ton cœur d'accord de l'aueu que tu fais.
Ce beau feu dont l'ardeur dûst estre si certaine
Ne s'explique pas bien par des marques de haine,
Et poursuiure le frere auec tant de rigueur
C'est prouuer assez mal ton amour pour la sœur.
Respecte en luy mon sang si i'ay droit d'y pretendre,
Ou dy que tu me hais si tu le veux répandre,
Et dans tes sentimens vn peu mieux affermy,
Sois amant tout à fait, ou bien tout ennemy.

D. ALVAR.

D. Lope, c'est ainsi qu'auec toute asseurance
I'ay pû de mon secret vous faire confidence?

D. LOPE.

Ne me reprochez rien quand mon cœur abatu
Soûpire du long temps que vous me l'auez teu.

CASSANDRE.

Quoy ; ta haine est pour luy déja si violente
Qu'elle a peine à souffrir l'obstacle d'vne amante,
Et quand elle s'apreste à luy rauir le iour,
Pour la faire trembler c'est trop peu que l'amour ?

D. ALVAR.

Helas ! & plûst au Ciel qu'vne si belle flame
Vous éclairast assez pour lire dans mon ame,
Vous m'y verriez encor preferer hautement
Au tiltre d'ennemy la qualité d'amant,
Detester autant l'vn que ie respecte l'autre,
Mais enfin ma vertu se regle sur la vostre;
Malgré tout mon amour son ordre imperieux
Sur mon affreux destin vous fait fermer les yeux,
Et cette ombre de gloire a pour vous tant de charmes
Que ma mort vous arrache à peine quelques larmes,
Ie n'en murmure point, & pour vostre interest
Sans rien tenter pour moy j'en accepte l'arrest.
Contre vous pour le mien faites la mesme chose,
Et sans vous opposer à ce qu'il faut que j'ose,
Souffrez à mes desirs le pitoyable espoir
D'expirer sans remords sous l'horreur du deuoir.

CASSANDRE.

Cruel, & si le mien t'a paru trop seuere,
Deurois-tu te vanger de la sœur sur le frere,
Et prendre auidement vne fausse couleur
Pour le faire garand de ton propre malheur ?
Car enfin ie voy trop quelle offense t'anime,
C'est ma seule vertu qui fait icy son crime,
Tu te le peins coupable afin d'armer ton bras,
Mais si j'auois pû l'estre, il ne le seroit pas.

D. ALVAR.

Ah, si vous pouuiez voir auec quelle contrainte
De mon honneur blessé j'ose écouter la plainte,
Vous n'en trouueriez pas le tourment si leger,
Qu'il vous dûst estre encor permis de m'outrager.
Non, ie ne poursuis point D. Lope en temeraire,
Ie me regarde amant pour le voir vostre frere,
Et m'accusant pour luy de sentiments ingrats,
Ie luy preste mon cœur pour desarmer mon bras.
Mais, helas ! c'est en vain que ie le justifie
Quand ie viens à reuoir toute nostre infamie,
Contraint à cet objet de me desabuser
Ie voy que c'est luy seul que j'entens accuser,
Et qu'en l'obscurité d'vn sort si déplorable
Il me doit, ou son sang, ou le nom du coupable.

D. LOPE.

Que ie le sçache ou non, ie cognoy mon deuoir,
Et si par moy quelqu'vn auoit dû le sçauoir...
Mais, ô Dieu, c'est icy que l'espoir & la crainte...

SCENE V.

D. SANCHE, D. LOPE, D. ALVAR, CASSANDRE,

D. SANCHE.

Ah ! mon fils.

D. ALVAR.

Suspendez de grace vostre plainte,
Vous venez condamner ce cœur trop partagé,
Mais ie mourray, mon pere, ou vous serez vangé.
Nous pourrons nous reuoir, adieu D. Lope.

D. SANCHE.

Arreste,
Et voy le precipice ou ton erreur te jette,
D. Lope est innocent.

D. ALVAR.

Pour en auoir douté
Le procedé d'vn traistre à trop de lâcheté.
Mais enfin auec vous ayant part à l'outrage,
Si ie n'en sçay l'autheur....

D. SANCHE.

Tu sçauras dauantage,
Puisque le Ciel propice à mon ressentiment,
Au crime qui le cause a joint le châtiment,
On m'a déja vangé.

D. ALVAR.

Quel bras l'auroit pû faire ?
Iamais autre qu'vn fils ne vange bien vn pere.

D. LOPE.

Non, mais quand vous sçaurez qui l'auoit outragé,
Peut-estre aduoüerez vous qu'il est assez vangé.

D. SANCHE.

Ouy, mon cœur de vangeance assez insatiable,
La trouue toute entiere au remords du coupable,
Qui blessé par rencontre, & craignant de mourir,
Chez Alonse à moy-mesme a pû se découurir.
Qui l'auroit iamais crû, que cette ame si fiere
Eust pû jusqu'au pardon abaisser sa priere,
Que l'orgueilleux Enrique ...

D. LOPE.

Apres l'auoir nommé,
Quelque juste sujet qui vous tienne animé,
Songez qu'il est mon frere & m'épargnez la honte ...

D. ALVAR.

Quoy, vostre frere! ô Ciel, que ta justice est prompte!

D. SANCHE.

Il nous la monstre en luy.

D. ALVAR.

Mais vous ne sçauez pas
Que le voulant punir il l'a fait par mon bras.
Sans sçauoir vostre affront j'en ay tiré vangeance.

D. SANCHE.

Quoy, mon fils auroit pû reparer mon offence?

D. ALVAR.

D. Lope en est témoin, luy dont l'heureux secours
S'employa pour ma gloire & conserua mes iours.
Ah, si vous cognoissiez sa vertu toute entiere!

D. LOPE.

Elle offre à vostre estime vne foible matiere.

D. SANCHE.

De ce qui s'est passé j'ay sçeu tout le secret,
Et de cette vertu pleinement satisfait,
Rauy qu'à ma vangeance vn fils ait mis obstacle,
Confus de mon erreur, surpris de ce miracle,
Ie venois t'asseurer qu'vn regret eternel...

D. LOPE.

Pourquoy tant d'indulgence enuers vn criminel?
Puisque vous sçauez tout, il n'est plus tẽps de taire,
Et que j'aime Iacinte, & que j'ay sçeu luy plaire,
Et quoy que la vertu soûtienne vn si beau feu,
Il est à condamner n'ayant pas vostre adueu.
Ce m'est beaucoup pourtant que vous puissiez co-
gnoistre
Que sur cet appuy seul la raison le fit naistre,
Et que mon cœur s'offrant à de si doux liens,
N'y fut point engagé par l'éclat de vos biens,
C'est à quoy rarement vn grand courage cede,
Le Ciel vous rend vn fils, que ce fils les possede,
Aussi charmé que vous de son heureux retour,
Vn cœur me suffira pour payer mon amour.

Si ie demande trop, punissez mon audace,
La mort sans vn tel prix me tiendra lieu de grace,
Et purgé d'vn soupçon qui m'eust peu diffamer,
Ie mourray satisfait si ie meurs pour aimer.

D. ALVAR.

C'est trop, pour couronner vne flame si pure,
Mon pere, attendez-vous qu'vn fils vous en conjure.

D. SANCHE.

Non, de ce feu secret si j'ay blamé l'ardeur,
Alonse en à déja justifié ta sœur.
Surprise & par mon ordre & par son stratagême,
Ie sçay ce qu'elle a fait contre D. Lope mesme,
Et pour ce grand effort le moins que ie luy dois,
C'est d'oublier sa faute & d'approuuer son choix.

SCENE VI.

D. SANCHE, D. ALVAR, D. LOPE, IACINTE, CASSANDRE.

IACINTE.

PVisque par le succez cette faute s'efface,
I'en viens benir le Ciel, & receuoir ma grace.

D. SANCHE.

Quoy, voir icy ma fille!

IACINTE.

Auant que m'accuser,
Songez à quoy pour vous j'ay pû me disposer,
Et ne soupçonnez point ny crime ny foiblesse,
Dans vne passion dont ie suis la maistresse.

C'est vostre interest seul qui plus fort que le mien...

D. SANCHE.

Va, ie te ferois tort si j'examinois rien,
Ta vertu me répond de l'amour qui t'engage.

D. LOPE.

Dieux, que le calme est doux qui succede à l'orage!

D. ALVAR.

Il est bien doux, helas! à qui peut esperer.

D. SANCHE.

Quoy, chacun est content & tu peux soûpirer?

D. ALVAR.

Ah, soûpirs indiscrets d'auoir osé paroistre!

D. LOPE.

Puisque j'ay sçeu par vous que ma sœur les fait naistre,
Pour les faire cesser, voulez vous bien par moy
Receuoir tout ensemble & son cœur & sa foy?

D. ALVAR.

Vne foy qu'à Fernand vous mesme auez promise?

D. LOPE.

Ie ne m'engage à rien que Fernand n'authorise.

D. ALVAR.

O Dieux, se pourroit-il?

D. SANCHE.

Tu l'aimes donc, mon fils?

D. ALVAR.

Dans mon rauissement ie doute si ie vis.
Mon pere....

D. SANCHE.

Ie t'entens, obtiens-là d'elle-mesme.

D. ALVAR *à Cassandre.*

Consentez-vous, Madame, à mon bonheur extrême?

CASSANDRE.

Voir vos vœux tout à coup par vn frere exaucez,
Et n'y resister point, c'est m'expliquer assez.

D. ALVAR.

O fauorable arreſt !

D. SANCHE.

C'eſt le Ciel qui le donne,
L'ordre de ſes decrets n'eſt cognu de perſonne,
Et ſouuent de ſes ſoins l'infaillible reſſort
Se plaiſt par le naufrage à nous conduire au port.

FIN.